वक़्त का मैं लिपिक

यश मालवीय

लोकभारती प्रकाशन

लोकभारती प्रकाशन
पहली मंजिल, दरबारी बिल्डिंग, महात्मा गाँधी मार्ग
इलाहाबाद-211 001
वेबसाइट : www.lokbhartiprakashan.com
ईमेल : info@lokbhartiprakashan.com
शाखाएँ : 1-बी, नेता जी सुभाष मार्ग, दरियागंज
नयी दिल्ली-110 002
अशोक राजपथ, साइन्स कॉलेज के सामने
पटना-800 006 (बिहार)
36-ए, शेक्सपियर सरणी
कोलकाता-700 017

मूल्य : ₹ 400

प्रथम संस्करण : 2018

आस्था पेपर कन्वर्टर
इलाहाबाद द्वारा मुद्रित

Waqt Ka Main Lipik
by Yash Malviya

ISBN : 978-93-86863-64-5

सौम्य–पल्लवी
और
आसावरी
के लिए

गीत-क्रम

हर अनुभव को गीत बनाने की ज़िद है!

श्री यश मालवीय न तो तआर्रूफ़ के मोहताज हैं न ही उनके काव्य-संकलन किसी भूमिका के। उनको कविता विरासत में मिली है और उन्होंने अपनी उस विरासत को न केवल बचाया है अपितु उसे उन्होंने एक अलग तेवर भी दिया है। उन्होंने स्वयं क़बूल किया है कि पिता गीत रचते थे, गीत रचते-रचते ख़ुद ही गीत हो गये...। शायद वे गीत ही हैं जिन्होंने गाढ़े के साथी की तरह उन्हें बचाये रखा है, विषम परिस्थितियों में भी उनके जीने की डोर को और मज़बूत किया है और इस सिलसिले की शुरुआत गयी सदी के उत्तरार्द्ध में, 'कहो सदाशिव' (1994) से हुई। मानवीय सरोकारों से लबरेज इस पहले संकलन ने ही उन्हें गीतकार के रूप में पहचान दी और उत्तर प्रदेश हिन्दी संस्थान ने उनका स्वागत करते हुए उन्हें 'निराला सम्मान' से अलंकृत भी किया। अनधिकार चुम्बन की तरह मिले उस सम्मान ने उनका इतना हौसला बढ़ाया कि वे अपना दूसरा गीत संग्रह 'उड़ान से पहले' (2003) लेकर हिन्दी जगत् के सम्मुख उपस्थित हुए और उत्तर प्रदेश हिन्दी संस्थान ने उस पर भी उन्हें 'निराला सम्मान' से नवाज़ा। एक तरफ़ मंचों से वे सुधी श्रोताओं के दिल में उतरने लगे और दूसरी ओर उनके गीतों का तीसरा संकलन 'एक चिड़िया अलगनी पर एक मन में' (2005) शीर्षक से शाया हुआ जिसमें रोमानियत थी, सौन्दर्य था, प्रकृति थी, मौसम था, ऋतुएँ थीं और प्रेम से भरपूर कविताएँ थीं। लेकिन गुणी जनों ने उस काव्य संकलन को भी यों ही नहीं जाने दिया परिणामस्वरूप नयी दिल्ली स्थित 'परम्परा' संस्था की ओर से इस पर भी उन्हें 'परम्परा ऋतुराज सम्मान' (2007) हासिल हुआ। धीरे-धीरे यश मालवीय के तेवर तीखे होते गये और 2011 में भारतीय ज्ञानपीठ से उनका अगला काव्य संकलन 'बुद्ध मुस्कराये' शाया हुआ जिसमें समय से साक्षात्कार ही नहीं सीधे मुठभेड़ है। आगे शाया होनेवाले लगभग सभी काव्य संकलनों मसलन—'नींद काग़ज़ की तरह' (2014), 'रोशनी देती बीड़ियाँ' (2014), 'कुछ बोलो चिड़िया' (2014), 'एक आग आदिम' (2015) और 'समय लकड़हारा' (2016) में 'कुछ बोलो चिड़िया' में भले ही रागात्मक गीत हों, लेकिन शेष में समय से दो-दो हाथ की मुद्रा में ही हैं यश मालवीय। पिता श्री

उमाकान्त मालवीय के एक गीत 'एक आग आदिम' के नाम पर रखे इस काव्य संकलन के बारे में मशहूर इतिहासकार श्री लाल बहादुर वर्मा के सम्पादकीय 'शामिल बाजा' की ये पंक्तियाँ सच प्रतीत होती हैं जिनमें उन्होंने यह कहा है कि यह संग्रह हर पीढ़ी के पहले से बेहतर होते जा सकने के संकेत देता है...बढ़ते अन्धकार को चीर रहीं उजाले की किरणों में शामिल है...।

प्रस्तुत संकलन 'वक़्त का मैं लिपिक' पहले के काव्य संकलनों की तरह अपने समय से सीधे मुठभेड़ तो है ही, इसमें उनकी व्यक्तिगत पीड़ा भी अनुस्यूत है। इनके व्यक्तिगत जीवन में हाल के वर्षों में जो कुछ घटित हुआ है, उसी का प्रतिबिम्बन इसमें हुआ है और शायद ये गीत न होते तो वे बिखर गये होते, टूट गये होते, हिंस्र पशु हो गये होते, लेकिन इन गीतों ने उन्हें सहारा देकर मनुष्य बने रहने की ताक़त दी है। यों वे ख़ुद मानते हैं कि ये गीत, उनके लिए गीत नहीं उनके जीवन की तारीख़ें हैं। बकौल यश के इनमें बाबरी मस्जिद का क़त्ल है तो गुजरात काण्ड के फफोले और छाले भी इनके बदन पर हैं। इन पर रोज़-रोज़ बलात्कार का शिकार होती सुबहों की पथरा गयी चीखों का प्रतिरोध भी दर्ज़ है।...एक रचनाकार जीवन संघर्ष में किन-किन मोड़ों से गुजरता है देखना हो तो उनके गीतों से दो-चार हुआ जा सकता है। 2014 में आये काव्य-संकलन 'रोशनी देती बीड़ियाँ' में यश जी अपनी मनोदशा को कुछ यों व्यक्त कर चुके हैं :

"कति निलम्बित नहीं होता
आसमाँ तो आसमाँ है
कभी सीमित नहीं होता
एक अफ़सर है ख़ुदा ही
काल कवलित नहीं होता"

लेकिन यह उनकी व्यक्तिगत पीड़ा ही नहीं समष्टिगत पीड़ा भी है। कैसे एक स्रष्टा फ़ाइलों के अम्बार में आँकड़ों के बीच बैठा हुआ वक़्त का लिपिक हो जाता है, केवल दुनियावी लिपिक नहीं, इस संकलन के गीतों से गुज़रने के बाद महसूस किया जा सकता है :

"अजान देते आ गयी खाँसी
इबादत हुई गले की फाँसी
आरती से भी उठने लगा धुआँ
आँखों से फिर से छह दिसम्बर चुआ
ऐसे में क्या काबा और कैसी काशी।"

× × ×

"साथ-साथ निकल आय
सड़कों पर सुअर गाय
जो असहिष्णु हैं,
वही बनने लगे असहाय
अपनी ही जेबों की लेने लगे तलाशी
अज़ान देते आ गयी खाँसी।"

गीत चाहे नये हों या पुराने दोनों पर उनकी नज़र रहती है। वे मानते हैं कि पहले के गीत व्यक्तिगत सुख-दुःख राग-विराग का अनुगायन करते थे। अपनी इस बात के समर्थन में वे महादेवी, प्रसाद आदि का नाम लेते हैं, बस निराला को थोड़ा अलग कर देखते हैं, लेकिन आजकल के गीतों में वे भूख, सन्त्रास, बेरोज़गारी, ग़रीबी, बेग़ारी आदि को केन्द्र में रखते हैं। अपने गीतों को वे नवगीत कहलवाना पसन्द करते हैं और मानते हैं कि ढेर सारी विडम्बनाओं के साथ तकनीक के कण्ट्रास्ट को साधने में नवगीतों की भूमिका ऐतिहासिक रही है। लेकिन नवगीतों को आज की कविता से भिन्न नहीं मानते। यही कारण है कि यश जी गीतों को कविता से अलग कर देखने के हिमायती नहीं। चन्द बानगी देखिये :

. *ऐ हवा सुनो तुमसे कुछ कहना है...*
. *मैं औरत थी, मैं सूपनखा*
. *एम्बुलेंस फँस गयी जाम में*
. *कुछ ध्रुवान्त हैं ऐसे...*
. *जय लोकतन्त्र...*
. *आन्दोलन में आगे-आगे हैं...*

दरअस्ल, वे समकालीन कविता को छन्द में जीने के यत्न को 'नवगीत' कहते हैं। लेकिन उनका ज़ोर इस बात पर सदैव रहता है कि नवगीतों की बुनियादी ज़रूरत उनका गीत होना है। वे इस बात से दुःखी हैं कि 'नवगीत' के नाम पर बहुत-कुछ ऐसा लिखा जा रहा है, ऐसा छपाया और खपाया जा रहा है जो हमारी गीत लिखने की क्षमता पर परदा डालने की कोशिश है। वे गीतों का सम्बन्ध सिर्फ़ दिल से ही नहीं जोड़ते, दिमाग़ से भी जोड़ते हैं। उनका साफ़ तौर पर मानना है कि मन और मस्तिष्क के सम्यक् सन्तुलन से ही गीत बनते हैं। वे कहते हैं कि गीतों में दिल-ही-दिल रहेगा तो लिजलिजाहट का ख़तरा है और केवल दिमाग़-ही-दिमाग़ होगा तो संवेदना के अकाल का ख़तरा पैदा हो जायगा।

उनके मुताबिक यों तो यह शर्त कविता मात्र की ही शर्त होनी चाहिए लेकिन गीतों के लिए भी यही लागू है। वे कहते हैं जैसे दुष्यन्त ने ग़ज़ल को महबूबा की

ज़ुल्फ़ों के पेचोखम से बाहर निकाला था, वैसे ही नवगीतों ने भी 'छायावाद' के कुहासे से उसे मुक्ति प्रदान की है। अपने नवगीतों से ही कुछेक का हवाला देते हैं जिनमें दिल ही नहीं दिमाग़ भी उपस्थित है:

"किसी के हाथ का हथियार मत बनना
किसी की राह की दीवार मत बनना
कभी खाली न हरगिज़ बैठ जाना
कभी कब व्यर्थ होता छटपटाना
बहुत हो काम तो इतवार मत बनना।"

—दीवार मत बनना

"फ़ुरसत-सी नहीं रही फ़ुरसत इतवार में
कुछ उथल-पुथल-सी है दिल के राडार में
घाव खुले ऑफ़िस भी खुला हुआ छुट्टी में
चोटों पर चोट की विरासत है घुट्टी में
फ़र्क़ नहीं कुछ भी रवि मंगल बुधवार में।"

—दिल के राडार में

उन्हें इस बात का आत्मिक दुःख है कि आलोचकों की नज़र में कवियों के मुक़ाबले गीतकार दोयम दर्ज़े पर क्यों है? इसके लिए वे कुछ तोहमत आलोचकों पर मढ़ते हैं लेकिन ज़्यादा आज के गीतकारों पर। एक ओर वे मानते हैं कि गीतों के रचनाकार प्रारम्भ से ही आलोचकों की थ्योरी और त्योरी में नहीं आये तो दूसरी ओर ज्यादातर गीतकारों ने कवि सम्मेलनों के मंचों से ही नाता रखा, अपनी रचनाओं को गम्भीर अध्येताओं तक पहुँचाने में कोई दिलचस्पी ही नहीं दिखायी। यह बात सच है कि कवि सम्मेलन जन से जुड़ने का एक बड़ा माध्यम है। लेकिन जब गीतकार वहाँ जाकर पारिश्रमिक के लिफ़ाफ़े तय करने लगा तब वहीं से इस विधा का ह्रास शुरू हो गया। यश निजी तौर पर उन रचनाकारों के प्रति श्रद्धावनत हैं जिन्होंने कविता की वाचिक परम्परा के साथ पत्र-पत्रिकाओं में भी गीत की उपस्थिति दर्ज़ करायी। वे तो यहाँ तक कहते हैं कि कवि सम्मेलनों और पत्र-पत्रिकाओं के बीच उन गीतकारों ने पुल का काम किया। और इसके सबसे सशक्त उदाहरण के रूप में वे कैलाश गौतम का नामोल्लेख करते हुए कहते हैं कि उन्होंने मंच और काग़ज़ पर समान रूप से अपने हस्तक्षेप को सृजनात्मक तरीक़े से दर्ज़ कराया। वे लोकभाषा के मशहूर कवि एवं व्यंग्यकार के रूप में प्रतिष्ठित हुए। ऐसा नहीं कि उन्होंने विलक्षण नवगीत नहीं लिखे, लेकिन वे न मंचों पर उन्हें पढ़ते थे और न ही

लोग जानते थे कि वे चोटी के गीतकार भी हैं। जैसे उनका एक गीत बानगी के तौर पर देखिये :

"कण्डे बीन रही है झुनिया
देखो सूखे ताल में
बात बात पर चित हो जाती
पाँच रूपल्ली में सो जाती
जैसे इसकी माँ सोती थी
कभी पाव भर दाल में।"

वे तो चाहते हैं कि कैलाश गौतम की तरह रमेश रंजक और माहेश्वर तिवारी के गीतों के साथ अरुण कमल ओर राजेश जोशी की कविताओं को आमने-सामने रखकर बात हो ताकि पता चल सके कि समकालीन कविता और नवगीत में कोई फ़र्क़ नहीं बस फ़र्क़ है तो नज़रिये का। हाँ यह ज़रूर मानते हैं कि सस्ती लोकप्रियता के चक्कर में आज का गीतकार फँस गया है; न वो गीत का रह पाया, न नवगीत का और न ही कविता का। ऐसे में आलोचकों की नज़र तो टेढ़ी होनी ही थी। लेकिन वे आलोचकों को भी नहीं बख़्शते। उन्हें लगता है कि शुरू से ही आलोचकों की हीन ग्रन्थि काम कर रही है। कविता को निर्मम दृष्टि से देखने के बजाय वे कवियों से मित्रता निभाने लगे ऐसे में ठाकुर प्रसाद सिंह या ओम प्रभाकर के किसी गीत के सामने सही-बटे में लिखी गयी कविता कैसे ठहर सकती थी? ये गीतकार सही समय से कविता के परिदृश्य पर रेखांकित हो गये होते तो कविता का मानचित्र ही कुछ और होता लेकिन बड़े से बड़ा गीत का कवि भी आत्ममुग्धता का शिकार रहा। यानी एक तरफ़ षड्यन्त्र था तो दूसरी तरफ़ आत्ममुग्धता—फिर ऐसे में बात बनती कैसे? एक बड़े सच की ओर इशारा करते हुए वे स्वीकार करते हैं कि नयी कविता में स्थापित होनेवाले ज्यादातर कवियों ने शुरुआत में गीत ही लिखे लेकिन आलोचकों की कृपा दृष्टि पाने के लिए उन्होंने गीतों से किनारा किया और कविता की ओर मुड़ गये। नयी कविता के काव्य निकषक्षणवाद, व्यंग्य, विडम्बना और तनाव को क्या नवगीतों की भी कसौटी माना जाय। इसका जवाब देते हुए वे कहते हैं हाँ, गीत को कविता के निकष पर भी कसा जाना चाहिए लेकिन गीत के शिल्प में होने के कारण उसके लिए एक नयी आलोचना-भाषा विकसित की जानी चाहिए थी जो दुर्भाग्य से नहीं हो सकी अन्यथा गीत कविता की बिरादरी से देश निकाला नहीं पाते। वे अपना ही एक गीत पेश करते हैं और अपेक्षा करते हैं कि इसे नयी कविता के ही निकष पर कसा जायः

"कुछ ध्रुवान्त हैं ऐसे
पत्तों से क्लोरोफ़िल लेकर
दुरभिसन्धि हरियाली से
कुछ ध्रुवान्त हैं ऐसे, करते
समझौते हरियाली से।"

गीत चाहे जितने लोकप्रिय हों, वैचारिक धरातल पर समकालीन कविता को ही प्रमुखता क्यों दी जाती है? उनकी नज़र में लोकप्रियता और वैचारिकता में कोई फाँक नहीं होनी चाहिए क्योंकि जो लोकप्रिय है वह वैचारिक भी हो सकता है और जो वैचारिक है, वह लोकप्रिय भी हो सकता है। लेकिन वस्तुतः ऐसा हुआ नहीं। लोकप्रियता गीत के पाँव की चक्की बन गयी। इसलिए वे मानते हैं कि गीत काग़ज़ पर कितना असर छोड़ता है—यही बात सबसे अहम है। उनके इसी काव्य-संकलन से प्रस्तुत है एक गीत जो लोकप्रिय भी है और वैचारिक भी:

"सवेरों से हमें नहला गया है
कोई बूढ़ा टहल कर आ गया है
इधर है दूध लाठी उधर रक्खी
सफल दिन की हुई उम्मीद पक्की
कि घर पर बादलों सा छा गया है।"

नवगीतों में संगीत, लय, छन्द, तुक और ताल के हिमायती यश मालवीय इस मामले में जगदीश गुप्त का स्मरण करते हुए कहते हैं कि वे अर्थ की लय पर बहुत ज़ोर देते थे क्योंकि बिना अर्थ की लय के सारे अलंकरण बेमानी हैं। उन्हीं का एक गीत देखिये :

"क़दम क़दम दादरी निठारी
नये साल की फिर तैयारी
सूरज के मुँह काला धब्बा
हैरत में हैं अम्मी अब्बा
अलग-अलग सिद्दीकी चौबे
क़तराते हैं खान तिवारी"

मशहूर गीतकार ओम प्रभाकर नवगीतों को सम्पूर्ण जीवन के लघु लक्ष्यों की कविता मानते हैं लेकिन यश उनसे इत्तफ़ाक़ ज़ाहिर नहीं करते क्योंकि उनकी नज़र में नवगीत बड़े लक्ष्यों की छन्द कविता है और लक्ष्य लघु या दीर्घ नहीं होते। नवगीतकारों के बारे में एक आम धारणा है कि वे एक ही समय में प्रतिबद्ध और तटस्थ दोनों होते हैं लेकिन यश को लगता है कि प्रतिबद्धता एक बड़ी चीज़ है

क्योंकि दिनकर की, "जो तटस्थ है समय कहेगा उनका भी अपराध" काव्य पंक्ति को उद्धृत करते हुए वे तटस्थता को एक चालाकी भर मानते हैं। उनका स्पष्ट मानना है कि कवि को सजग, सतर्क, जागरूक, चौकन्ना तो होना ही चाहिए पर चालाक नहीं क्योंकि चालाकी कविता की आत्मा को छलनी कर देती है। हाँ, वे यह अवश्य स्वीकार करते हैं कि रचना के रास्ते में यदि विचारधारा की प्रतिबद्धता भी आ जाय तो वे उसे छोड़ देंगे और जहाँ तक काव्य रचना और भाषा के प्रति तटस्थता का सवाल है तो वे उससे सहमत नहीं क्योंकि भाषा और परिवेश से लगाव के बग़ैर बड़ी रचना की ही नहीं जा सकती। हाँ, वे इतना अवश्य मानते हैं कि रचनाकार बिल्लों, नारों और पोस्टर पार्टी का मुखापेक्षी नहीं होता।

यश से यह पूछे जाने पर कि वे परम्पराओं को लिये चलने के पक्ष में हैं या उन्हें तोड़कर प्रगतिशील तत्त्वों को तरजीह देते हैं। इस सवाल का जवाब बड़ी बेबाकी से देते हुए वे कहते हैं कि वे परम्पराओं को माँजते जाने के पक्ष में हैं। दरअसल, परम्परा को नित नया अधुनातन रूप देकर समय से संवाद करना ही उनका अभीष्ट है। इसे स्पष्ट करते हुए वे कहते हैं कि इस सन्दर्भ में एक बिम्ब उनके ज़ेहन में हमेशा उभरता है और वह होता है प्रत्यंचा पर चढ़े तीर का, कहने का तात्पर्य यह कि तीर को जितना पीछे खींचा जाता है, वह उतना ही आगे जाकर सन्धान करता है यानी सच्चे अर्थों में हम जितने पारम्परिक होंगे, उतने ही आधुनिक भी हो सकते हैं, बस शर्त यह है कि हमारे सोच में कोई धुन्ध न हो। अपने इसी काव्य-संकलन से वे एक गीत पेश करना नहीं भूलतेः

"एक भी पन्ना बमुश्किल दीखता है कहीं सादा
ज़िन्दगी जब समझ आती बीत चुकती है ज़्यादा।"

आठवें और नौवें दशक की लोक संवेदनाओं से आज की संवेदनाएँ कितनी भिन्न हैं? वे मानते हैं कि बाहरी तौर पर भले ही बहुत-कुछ बदल गया है, लेकिन भीतरी तौर पर संवेदना का एक सिरफिरा मानुष सदैव साँस लेता है।

जहाँ तक लोक संवेदनाओं का सवाल है तो उनके साथ नयी सदी में आने पर बहुत छल हुआ है। संवेदना का आज चेहरा ही बदला हुआ लगता है। उन्हें लगता है कि नये समय को पुराने समय की आँच देकर नये सिरे से संस्कारित करने की ज़रूरत है वरना यह बदलाव हमसे बहुत-कुछ छीन लेगा और हम जीवन-रण में निहत्थे हो मारे जायेंगे। बदलती हुई संवेदनाओं से जुड़ा एक गीत देखिये :

"जाती हुई धूप सन्ध्या की सेंक रही है माँ
अपना अप्रासंगिक होना देख रही है माँ
फूली सरसों नहीं रही अब खेतों में मन के

पिता नहीं हैं अब नस-नस क्या कंगन-सी खनके
दिन भर पकी उम्र के घुटने टेक रही है माँ।
जाती हुई धूप सन्ध्या की सेंक रही है माँ।"

'नवगीत' की दीर्घ परम्परा को आगे ले चलना कैसा लगता है? इसका उत्तर बड़ी बेबाकी से देते हुए वे कहते हैं कि इस दीर्घ परम्परा से जुड़ना हमें हमेशा अच्छा लगता है। गीत लिखना उनके लिए एक ज़िद है और गीत के तमाम सवारों की तरह गीत की नाव से उतरकर समकालीन कविता के तक़ाज़ों से वे अपने को जोड़ सकते थे लेकिन उन्हें हमेशा ऐसा लगता रहा है कि ऐसा क्या है जो गीत में नहीं कह सकते। या ऐसा क्या है जो हमारे पूर्ववर्तियों ने गीत में नहीं कहा है और इसी ज़िद ने उनसे ऐसे गीत भी लिखवाये :

"दीवारों से भी बतियाने की ज़िद है।
हर अनुभव को गीत बनाने की ज़िद है।।"

यहाँ तक कि वे गीत के ही साँचे में सोचते भी हैं :

"गीत के ही शिल्प में हम सोचते हैं।
कौन कहता है कि कुछ कम सोचते हैं।।"

—प्रो. मुश्ताक़ अली
हिन्दी विभाग, इलाहाबाद विश्वविद्यालय
इलाहाबाद—211002
मोबाइल नं. 9453089608

धरती ऊँचा नहीं सुनेगी

बनते-बनते बात बनेगी बाबू जी!
धरती ऊँचा नहीं सुनेगी बाबू जी!
मत समझो हम ऊँचे-नीचे तबके हैं
इनके हैं, उनके हैं, हम तो सबके हैं
हमसे दुनिया नहीं तनेगी बाबू जी!
बायें चलते हैं पर दक्खिन टोला हैं
छुपा आग में जलता-बुझता शोला हैं
चिनगारी कुछ नया बुनेगी बाबू जी!
कन्धे पर बोझा हैं, नहीं जनेऊ हैं
हम अपना ही चावल, अपना गेहूँ हैं!
भूख कि ख़ुद ही अन्न जनेगी बाबू जी!
दायें बायें शासन के गलियारे हैं
इनके कारण ही सारे अँधियारे हैं
धूप, सुबह की रुई धुनेगी बाबू जी!
राग अटपटे प्रजातन्त्र के गानों के
मतलब समझ आ गये हैं मतदानों के
हवा कि अपनी राह चुनेगी बाबू जी!

•

हम ग़रीब का बथुवा हैं

बहुत ज़रूरी मत समझो
इसका उसका अथवा हैं
हम हैं मटर पनीर नहीं
हम ग़रीब का बथुवा हैं
तेज़ धूप में पानी में
यूँ ही आना-कानी में
रावण पाँव पसार रहा
अपनी राम कहानी में
हम तो होरी-धनिया हैं
या बुधई हैं, बुधवा हैं
जलती-बुझती बीड़ी में
जाते अगली पीढ़ी में
छत पर जाने की ख़ातिर
रहे हमेशा सीढ़ी में
हम अंग्रेज़ी क्या जानें
कच्ची पीते महुवा हैं
रहे शगूफ़े-शोशे में
टूटे चाय समोसे में
हम तो मारे गये बहुत
केवल रामभरोसे में
सब-कुछ माई बाप यही,
अपने बिटिया बेटवा हैं

एक गीत की मछली तड़पे

भाव भंगिमाओं, मुद्राओं
का शिद्‌दत से मंचन
कवितावालों के हाथों ही
कविता का अवमूल्यन
लिये 'टंगक्लीनर' माइक पर
काबिज हुए गवैये
उन्हें पता क्या, छन्द-सोरठा,
दोहे और सवैये
उन्हें लिफ़ाफ़े सौंप रहे हैं
हँसते हुए सुधीजन
ऐसे हैं चुटकुले कि रोने को
जी करता कसकर
एक गीत की मछली तड़पे
दल-दल में ही फँसकर
मर्म बताते कठिन समय का
चारण के उच्चारण
चरित उजागर करती अपना
ताल दे रही तिरिया
ज़िस्मफ़रोशी को आमादा
घर-आँगन की चिड़िया
जाने क्यों कपड़े उतारता
सम्वेदन मजबूरन

जो जेनरेशन गैप की बातें करते हैं

जो जेनरेशन गैप की बातें करते हैं
आकर देखें बुआ भतीजे लूडो खेल रहे
गोटी का पिटना खिल-खिलकर हँसकर झेल रहे
इक पचास के पार
एक की नेकर ढीली है
इक की गुट्टी लाल हुई
दूजे की पीली है
जो जेनरेशन गैप की बातें करते हैं
आकर देखें बुआ भतीजे लूडो खेल रहे
यही कामना, यों ही दो पीढ़ी का मेल रहे
बातों बातों में
बातों के सिरे पकड़ते हैं
पकी उम्र को तुतले-तुतले
अक्षर पढ़ते हैं
जो जेनरेशन गैप की बातें करते हैं
आकर देखें बुआ भतीजे लूडो खेल रहे
खेल-खेल में मुश्किल का हर पर्वत ठेल रहे
भारी समय
रुई जैसा हलका हो जाता है
आगत बहुत सगा
बीते कल का हो जाता है
जो जेनरेशन गैप की बातें करते हैं
आकर देखें बुआ भतीजे लूडो खेल रहे
स्नेह और आशीष दिये में जैसे तेल रहे

कुछ दिन की ख़ातिर

कुछ दिन की ख़ातिर
पढ़ना लिखना सब छोड़ो
झील पेड़ पर्वत से अपनी
आँखें जोड़ो
मोटी मोटी बड़ी क़िताबें
मोटे लेंस रखो भी
खिड़की से जो भीतर आयी
थोड़ी धूप चखो भी
दूब हाथ में लो
फिर तिनका-तिनका तोड़ो
रिफिल क़लम की
ख़त्म हो गयी, हो जाने दो
मौसम को खुलकर,
जी भरकर बतियाने दो
परती पड़ा खेत जो मन का,
जोतो गोड़ो
शाम हो गयी गलियारे में
पानी छिड़को
उँगली फोड़ो, अपनी
ही नस-नस में तिड़को
बीच नदी में बिन पतवार
नाव को मोड़ो

खम्भा रोशनी का

डूबता सूरज नदी में काँपता
हिल रहा जैसे कि खम्भा रोशनी का
साँवला पानी अभी पड़ जायगा
हौसला फिर देखियेगा तीरगी का
हर लहर में कुछ समाता-सा लगे
थरथराता हुआ गाता-सा लगे
एक ऊँचा पेड़ तट का मौन हो
बादलों को सिर झुकाता सा लगे
उड़ रहे पाखी कि इनके साथ ही
उड़ रहा हर एक पन्ना ज़िंदगी का
बोलती गोधूलि चुप-चुप कान में
क्या नहीं है जा रहे दिनमान में
खुशबुएँ उसकी ज़रा महसूस करिये
जो खिला है फूल-सा मन प्राण में
होंठ पपड़ाये भले ही प्यास से
झिलमिलाता लगे चेहरा तिश्नगी का
कल सुबह तक तीरगी का जश्न होगा
फिर उजाला आँख खोलेगा यहीं पर
दोपहर तक एक नीला शाल ओढ़े
आसमाँ ही उतर आयेगा ज़मीं पर
अभी तो इस पहर का अनमनापन है
यही देगा नया जीने का सलीक़ा

•

पलक झपकाते दिये

राह देते
पलक झपकाते दिये
हम नहीं बदले
कि बदले ज़ाविये
मेज़पोश बदले
पर मेज़ नहीं
कोई दु:ख
हैरतअंगेज़ नहीं
रास्ता भूले
सुखों के डाकिये
अचरज है कोई
अचरज नहीं
इस दिल से बेहतर काग़ज़ नहीं
काफ़िये फिर काफ़िये फिर काफ़िये
है रदीफ़ पर कोई ग़ज़ल नहीं
ढूँढो जो खोया है यही कहीं
क़हक़हों में साँस लेते मर्सिये
एक दरिया था
कि अब दरिया नहीं
बात करने का कोई ज़रिया नहीं

ख़ून में डूबे हुए हैं वाक़िये
बहुत जाना मगर
पहचाना नहीं
मानकर भी दर्द को
माना नहीं
सिर उठाते दफ़्न होते ताज़िये

भाषा का वैभव सारा

दीवारों से भी बतियाने की ज़िद है
हर अनुभव को गीत बनाने की ज़िद है
दिये बहुत से गलियारों में जलते हैं
मगर अनिश्चय के आँगन तो खलते हैं
कितना कुछ घट जाता मन के भीतर ही
अब सारा कुछ बाहर लाने की ज़िद है
जाने क्यों जो जी में आया नहीं किया
चुप्पा आसमान को हमने समझ लिया
देख चुके हम भाषा का वैभव सारा
बच्चों जैसा अब तुतलाने की ज़िद है
कौन बहलता है अब परी कथाओं से
सौ विचार आते हैं नयी दिशाओं से
खोया रहता एक परिन्दा सपनों का
उसको अपने पास बुलाने की ज़िद है
सरोकार क्या उनसे जो ख़ुद से ऊबे
हमको तो अच्छे लगते हैं मंसूबे
लहरें अपना नाम पता तक सब खो दें
इक ऐसा तूफ़ान उठाने की ज़िद है

•

हिन्दी से दासता कराओ मत

बहुत हो चुका हिन्दी से दासता कराओ मत
भाषा के भविष्य को लेकर हमें डराओ मत
अनगिन छाले हैं शरीर पर
तुम चलते जाते लकीर पर
क्यों एहसान भला करते हो
तुलसी मीरा पर, कबीर पर
संस्कृति का गौरव दो, आँसू व्यर्थ गिराओ मत
भाषा है ये रोज़गार की
मज़दूरों की, कामगार की
घर आँगन की तुलसी भी है
स्वर लहरी है द्वारचार की
मटमैले पानी में मन का दिया सिराओ मत
हिन्दी तो केवल हिन्दी है
कावेरी है, कालिन्दी है
साँसों में बंग्ला-मलयालम
कन्नड़ गुजराती सिन्धी है
अंग्रेज़ी का घाव लिये दिन-रात पिराओ मत
इसकी अपनी आन-बान है
जगमगा करता संविधान है
सपनों-सी है देवनागरी
नींदों में भी धान-पान है
इसको बेचो नहीं कि अपना नाम धराओ मत

घर दफ़्तर संसार सजाये
पग-पग वंदनवार सजाये
सिर्फ़ एक दिन ही क्यों इसका
हर दिन ये त्यौहार सजाये
संकल्पों वाली काग़ज़ की नाव तिराओ मत

वो तरल आलोक आँखों का

वो तरल आलोक आँखों का
साथ है मेरे सफ़र में भी
आग कोई गुनगुनी-सी है
साँस की ठण्डी लहर में भी

आइने में है सजा जैसे
धूप का टुकड़ा सजीला-सा
रोशनी-सा छू रहा मन को
एक बादल बहुत गीला-सा

ज़ेहन में ज़िन्दा दिलों-सा है
वो नज़ारा है, नज़र में भी

है परिन्दे-सा मुँडेरी पर
या उड़े अल्फ़ाज़-सा कोई
घाटियों की धुन्ध में गूँजे
रेशमी आवाज़-सा कोई

है ग़ज़ल में रूह-सा रोशन
गीत रचने के हुनर में भी

बारिशों में है, घटा में है
बात करता है, फ़िज़ाओं में
ख़ुशबुओं की तरह पोशीदा
बह रहा ताज़ा हवाओं में

है सुबह के नूर में भीगा,
शाम के गहरे असर में भी

वक़्त का मैं लिपिक

लिख रहा हूँ,
वक़्त का मैं लिपिक सब-कुछ अनलिखा-सा
जल रहा हूँ,
दीप के मन में अकेली वर्तिका-सा
गोल, कुछ चौकोर मुहरें
और कुछ दस्तख़त धुँधले
हैं खड़े घेरे हुए से
सिर नचाते हुए पुतले
हूँ किताबों में पढ़ी,
कुछ अनपढ़ी-सी भूमिका-सा
फ़ाइलों-सा हो रहा हूँ गुम
कि कम्प्यूटर तलाशें
उँगलियाँ 'की बोर्ड' पर हैं
अक्षरें की मिलें लाशें
वाक़िया हूँ, बीच चौराहे
न देखो तुम बिका-सा
मेज़ पर मुट्ठी पटकती
खीझ का क्या हश्र आख़िर?
है स्वयं टूटा हुआ,
सुनसान होता नहीं मुख़बिर
हादसों में हादसों की तरह
दिखता अनदिखा-सा

बूढ़ा मन

लाठी के छितरे रेशे बतलाते हैं
कितनी दूर चला होगा ये बूढ़ा मन
कुछ कहने से पहले
कुछ हकलाते हैं
रस्ते भी तो
बच्चों से तुतलाते हैं
हँस के उसके कानों में कह जाते हैं
कितनी दूर चला होगा ये बूढ़ा मन
झुर्री झुर्री
सूरज डूबा लगता है
आँखों में जैसे
अँधियारा जगता है
बस ये ही मन-ही-मन में दुहराते हैं
कितनी दूर चला होगा ये बूढ़ा मन
लड़ना पड़ता है
शिकनों से, थकनों से
दर्द बरसता
पकी उम्र के घुटनों से
चलते हैं पर समझ नहीं कुछ पाते हैं
कितनी दूर चला होगा ये बूढ़ा मन

गली और चौराहे
अड़ने लगते हैं
चलते-चलते पाँव
अकड़ने लगते हैं
बस इतना ही रह-रह रोते गाते हैं
कितनी बार चला होगा ये बूढ़ा मन

बेटे की शादी है

बेटे की शादी है
बाबा आयेंगे
दादी के सँग
पंचम स्वर में गायेंगे
नहीं रहे तो क्या
उनका होना तो है
नयी धरा में
कविता का बोना तो है
पगड़ीवाली छवि पर
बलि-बलि जायेंगे

पूरी होंगी
बातें जो आधी तीही
नानी पिछले बरसों में
लौटेगी ही
नाना भी आयेंगे
घर पर छायेंगे
चाचा भी आयेंगे
चाची चहकेगी
आँगन में फूलों की
बगिया महकेगी
मिट्ठू के माथे पर
तिलक लगायेंगे

अभी अभी जो गयी
बुआ फिर आयेगी
राखी का रेशम
फिर से पहनायेगी
बीरन सिर पर ही
आकाश उठायेंगे
माँ दिन रात बहू की
अगवानी सोचे
कड़ी धूप में
भर बादल पानी सोचे
पिता द्वार पर
अपनी पलक बिछायेंगे

चुप्पी शातिर है

वक़्त कि जैसे
धड़ से अलग कहीं सिर है
इसकी उसकी सबकी
चुप्पी शातिर है

गूँज रही है रेत
हवा की साँसों में
सच ज़िन्दा है
चुभकर टूटी फाँसों में
वही अलहदा ज़िद
जीने की फिर फिर है
तारीख़ें तो रेल सरीखी
गुज़री हैं
दुःख अब भी हैं लेकिन
पटरी-पटरी हैं
स्टेशन का सब-कुछ
अपनी ख़ातिर है

पंख-पंख बिखरे
कबूतरो! सोचो तो
कहाँ गये पुरखे
चबूतरो! सोचो तो
हर उड़ान में
कैसा मस्जिद-मन्दिर है

•

एक तारा टूटने से ज़रा पहले...

(सिनहा चाचा के लिए)

कभी भूलेगा नहीं वो बिजलियों-सा कौंधना
एक तारा टूटने से ज़रा पहले देखना
कुछ अजब थी बात
जो थी झिलमिलाहट में सजी
बूँद पारे की बहुत दिन
थरथराहट में सजी
बूँद को अब बूँद बनकर, बूँद बनकर सोचना
वो हँसी, वो फूल,
बारिश खिड़कियों के पार की
ख़ुशी आयी थी ज़मीं पर
देह धर त्योहार की
अब उसी त्यौहार की है, याद भीगी यातना
क़लम सिगरेट और चश्मा
हाथ की हिल रही शाखें
दिल दिमाग़ों में उतरकर
झाँकतीं बेचैन आँखें
नहीं, मुमकिन ही नहीं तस्वीर के सँग बैठना

•

एक सीढ़ी है हवा में

है सदी यह कौन-सी
ऊँचाइयाँ लिखती नहीं
एक सीढ़ी है हवा में
छत कहीं दिखती नहीं
रास्ते-ही-रास्ते हैं
जा रहे, बस जा रहे
मंज़िलें हैं ही नहीं,
किन मंज़िलों को गा रहे
है ख़ुशी तो बस ख़ुशी
बाज़ार में बिकती नहीं
रेलगाड़ी जा रही है
बस अँधेरे जंगलों से
क्या कभी इतिहास बनता है
थके हारे पलों से
आग ठण्डी है
कि रोटी पेट की सिंकती नहीं
आँख में उमड़ी हुई,
घुमड़ी हुई तारीख है
जो सुनायी नहीं देती
सिर्फ़ ऐसी चीख है
एक बदली बरस जाती
देर तक टिकती नहीं

धूल के अभिलेख

धूल के अभिलेख उड़ते हैं हवा में
हर तरफ़ हैं आँख मलती हुई शामें
लाल मिट्टी पोतकर
छुप गया सूरज
कल मिलेगा फिर नया,
कुछ नया सूरज
चलो अपनी बाँह की ही बाँह थामें
हरे पत्ते,
साँवले दिखने लगे हैं
रास्ते घर लौटते से
फिर जगे हैं
घुल गया कुछ शामवाली हर दवा में
कुछ उजागर ही करेगा
ये कुहासा
साथ अपना छोड़ती
जा रही भाषा
हाँफती हैं कार-मेट्रो, ट्रेन-ट्रामें

लगता दूर स्टेशन बहुत

शाम के बादल घिरे हलके
कि मन भारी बहुत
आउटर पर ट्रेन,
लगता दूर स्टेशन बहुत
बेबसी, बेचारगी,
लाचारगी सब-कुछ जिये
घर हमारा मुंतज़िर होगा
वहीं आँसू पिये
है पराया
याद आता मगर अपनापन बहुत
जंगलो झीलों पहाड़ों से
मिले फिर लौट आये
ये ज़रा-सी बची दूरी
अब न तिल भर सही जाये
शक्ल को तरसा किया है
आँख का दरपन बहुत
छू रहा है पटरियों का
सर्द लोहा ज़ेहन को
गिट्टियों की घास फिर भी
तोड़ती है बदन को
वो खुली छत टीसती है,
टीसता आँगन बहुत

चुप्पियों का डोलना

ज़र्द चेहरे की तहों को
इस तरह से खोलना
क्या कभी तुमने सुना है
चुप्पियों का डोलना

जल रहा है मोमबत्ती-सा
अकेलापन जहाँ
हमें ढूँढ़ों, हम मिलेंगे
शर्तिया तुमको वहाँ
बोलना जब भी कभी सच
हौसले से बोलना

एक तनहा नाव,
लहरों में सफ़र केवल सफ़र
नहीं होते हैं कभी भी
दर्द पिछले कारगर
हो सके तो कुछ नये से
दर्द फिर से मोलना

पसलियों में ही चिलककर
छूट जाता है कहीं
है ज़ेहन में कुछ उजाले-सा
कि बुझता ही नहीं
कहीं घावों में छुपे से
पंख अपने तोलना

•

हम तो अक्सर चुप रहते हैं

नींव के पत्थर चुप रहते हैं
हम तो अक्सर चुप रहते हैं
खिड़की दरवाज़े दीवारें
देखें खिंची हुई तलवारें
डोला करती हैं छायाएँ
घर में ही घर चुप रहते हैं
अबाबील-सी हर सच्चाई
दिखकर छुप जाती ऊँचाई
ख़ुद हैरत में हैं तक़रीरें
बाहर भीतर चुप रहते हैं
रेत घड़ी सुनसान सजाये
सिर्फ़ रात का समय बजाये
खाते हैं धोखे पर धोखा
आँसू पीकर चुप रहते हैं
सपने पड़ जाते है झूठे
सड़क पहाड़ों की ज्यों टूटे
ये कैसा है मौसम आया
मस्त कलन्दर चुप रहते हैं
पानी का खारापन चखते
साहिल मुँह पर उँगली रखते
लहरों की सीनाज़ोरी पर
नदी समन्दर चुप रहते हैं

पर्वत सागर नदियों झीलों
चलते जाते मीलों-मीलों
सबसे जीते ख़ुद से हारे
कई सिकन्दर चुप रहते हैं
जलती बुझती हैं कन्दीलें
चुभती सन्नाटे की कीलें
मन कुछ कहता नहीं कि मन में,
उठे बवण्डर चुप रहते हैं।

•

धुआँ कैसा धुन रहे हो?

आँधियों में, पत्तियों
या घाटियों में, निर्झरों का
शोर बोलो सुन रहे हो?
कौन-सा सपना भला फिर बुन रहे हो?
नींद से भारी, बहुत भारी पुतलियाँ
टूटती हैं, टूटने भी दो बिजलियाँ
ख़ून की बूँदें नहीं ग़र उँगलियों पर
फूल फिर क्या चुन रहे हो?
आसमाँ टूटा, ज़मीं बिखरी नहीं
खो गयी है चाँद की गठरी कहीं
हैं सितारे अनमने गहरे उदासे
छोड़ दो वह गीत जो बस गुन रहे हो
हरहराता हाँफता जंगल झकोरों में
हवा पानी-सी समाए क्या कटोरों में
पी रहा है एक ठण्डी आग सेमल,
धुआँ कैसा धुन रहे हो।

•

हमारा लाड़ला स्कूल जाता है

बहुत-कुछ याद आता है
बहुत-कुछ भूल जाता है
टिफिन लेकर हमारा लाड़ला
स्कूल जाता है
कि तुमसे ही सुबह होती
कि तुमसे शाम होती है
कि सारी सल्तनत जैसे
हमारे नाम होती है
तुम्हारी बाँह से झोंका हवा का
झूल जाता है

तुम्हारे हाथ की रोटी
समय का स्वाद होती है
हुँकारी भर रहा मौसम
कहानी याद होती है
दुवाएँ साथ देती हैं,
कि मन फल फूल जाता है
तुम्हारी बोलियों में
भोर की चिड़िया चहकती है
पुरानी डायरी में
एक कविता-सी महकती है
लहर में नाव के सँग
गीत का मस्तूल जाता है

ऐ हवा सुनो...

ऐ हवा सुनो तुमसे कुछ कहना है
तुमसे कुछ-कुछ कहना चाहा है कई बार
तुम दिखती रहीं हमेशा कुछ-कुछ जल्दी में
जाने क्या सोचती रहीं बस जी-ही-जी में
कैसा लगता है, घुलता है
जब ज़हर तुम्हारी साँसों में
मन के सूने आकाशों में
जब धुआँ घुमड़ने लगता है
नफ़रत का पंछी यहाँ-वहाँ
चुप-चुप-सा उड़ने लगता है
कैसा लगता है हवा तुम्हें
सच-सच बतलाना
कुछ भी नहीं छुपाना हमसे
हम संगी साथी तेरे ही
जब फूल-फूल पखुरी-पखुरी जलने लगती
ख़ुशबू-ख़ुशबू जलने लगती
तुम क्या करती हो ऐसे में
सूने में क्या रो लेती हो
या सरर-सरर में शामिल हो
अपने को ही खो देती हो
तुम रहीं बाँसवन में
सारा स्वर तान तुम्हीं से है
तुम बजीं बाँसुरी-सी

साँसों में सजी धजीं
तुमको अब कैसा लगता है
बादल-बादल फ़िरकापरस्त
जब बस्ती-बस्ती उठता है
जब मौसम का दम घुटता है
तुम क्या करती हो ऐसे में
कुछ समझ न पाते हैं हम तो
तुम तो ज़मीन हो, जंगल हो, जीवन ही हो
तुमसे ही सारे अफ़साने
कुछ सिरहाने, कुछ पैताने
तुम डोल रहीं, तुम डोल रहीं
कितनी ही पलकें खोल रहीं
चुप-चुप हो फिर भी बोल रहीं
तुम खिड़की पर, दरवाज़े पर
तुम घर-घर में, देहरी आँगन
तुम शहर-शहर, तुम गाँव-गाँव
तुम धूप-धूप, तुम छाँव-छाँव
तुम बढ़ी हुई नदिया जैसी
क्या कभी तुम्हारी अपने से
कुछ बातें होती हैं, मिलना भी होता है
मुरझाना खिलना होता है
हँसने बतियाने से हटकर
रोने धोने से भी कटकर
क्या कभी सोचती हो दुनिया के बारे में
दुनिया जो तुमसे है लेकिन
बेतरह कटी है तुमसे ही
तुममें घोला है सिर्फ़ ज़हर
तुम भाग रही हो गाँव-गाँव
तुम हाँफ रही हो शहर-शहर

तुमसे ये कैसी रंज़िश है
कैसी चितकबरी कोशिश है
शायद कुछ गहरी साज़िश है
तुम खुलकर कुछ चिल्लाओ तो
कुछ अपनी बात बताओ तो
कैसा लगता है जब तुमसे
कोई वहशी गन्ध उलझती है
जब हड्डी-हड्डी बजती है
जब इन्साँ का ही गोश्त
आदमी की थाली में सजता है
जब ख़ून पी रहा समय सिर्फ़
घड़ियों-घड़ियों में बजता है
गलियाँ बेरौनक होती हैं
मुर्दा-सा नाटक होती हैं
ख़ामोशी तारी रहती है
कुछ भारी-भारी रहती है
इक जंग आदमी के मन में
हर लमहा जारी रहती है
भोपाल गैस का धुआँ-धुआँ
कोने-कोने से रिसता है
हर जगह आदमी पिसता है
ये देश अयोध्या होता है
मत पूछो क्या-क्या होता है
गुजरात सुलगने लगता है
ख़ुद से डर लगने लगता है
जलता है असम बिहार कहीं
आकर आता त्योहार नहीं
साँसों के चिथड़े होते हैं
ख़ुद नंगे कपड़े होते हैं

कुछ बोलो तो ऐ हवा ज़रा
मौसम हो अब किस तरह हरा
कुछ बोलो तो ऐ हवा ज़रा

हवा :
मैं हवा-हवा, मैं सनन-सनन
मैं घूम रही पर्वत वन-वन
तुमने तो दुखती रग छू ली
मैं थी अपने में ही भूली
मेरे तो पंख रेशमी थे
सुबहों की नयी रोशनी थे
अब देखो झुलसे-झुलसे हैं
कुछ बात करो तो हिलते हैं
अपने से कभी न मिलते हैं
मैं धुआँ-धुआँ, मैं अंगारा
देखो, मैं अब भी हाँफ रही
मैं काँप रही, मैं काँप रही
रस्ता-रस्ता हूँ नाप रही
साँसों में सजना भूल गयी
सारे अफ़साने भूल गयी
मैं बदल गयी हूँ आँधी में
मुझको अब देखो नहीं कभी,
झण्डों में या आज़ादी में
या फिर आधी आबादी में
मैं हवा नहीं थी, चिड़िया थी
ख़ुद ही में पूरी दुनिया थी
वो रस्ते करते याद सभी
जिनसे मैं गुज़री कभी-कभी
खिड़की-खिड़की रोशनदानों

मैं धूप-धूप, पानी-पानी
मैं हवा-हवा, मैं मनमानी
पैरों में बेड़ी पड़ी मगर
मैं गाँव-गाँव, मैं नगर-नगर
मैं गली-गली, मैं डगर-डगर
पीती हूँ अब तो सिर्फ़ ज़हर
मैं साँस-साँस बिसरी भूली
चलती हूँ या फिर बहती हूँ
बाँसुरी हमारी टूटी है
मैं फूल रही-सी साँसों में
हादसे हमारे संगी हैं
बाते नंगी अधनंगी हैं
दहशत के गाजे-बाजे हैं
यूँ तो बुलन्द दरवाज़े हैं
मैं प्रेत हँसी, मैं प्रेत हँसी
मैं ढीली-ढीली, कसी-कसी
अपने से क्या कुछ बतियाऊँ
मैं खुलकर क्या रोऊँ-गाऊँ
शीशे-सी चटकी-चटकी हूँ
मैं गली-गली में भटकी हूँ
तुम सा जो साथी हमें मिला
मैं फिर अपने पर आऊँगी
जो चला गया, जो बीत गया
मैं उस सपने पर आऊँगी
सबके मन पर ही छाऊँगी
मैं छाऊँगी, मैं आऊँगी
सोते में भी चिल्लाऊँगी
चिल्लाऊँगी सोते में भी
बोलूँगी मैं रोते में भी

चुप रहना अपना काम नहीं
पल-भर को भी आराम नहीं
बोलना हमारा जीना है
आँसू का परदा झीना है
इस परदे को हट जाना है
दुःख काई-सा कट जाना है
मौसम को होना हरा अभी
बोलो, कुछ बोलो ज़रा अभी
तुम आदम हो, मैं सिर्फ़ हवा
अपना है रिश्ता रवा-रवा
मैं मर्ज़ मर्ज़, मैं दवा-दवा
शोलों जैसा ही भड़कूँगी
मैं जागी हूँ, मैं जागूँगी
क्यों आँख मूँदकर भागूँगी
मैं बहुत रह चुकी बेचारी
मैं थकी-थकी हारी-हारी
अब अपने होंठ हिलाऊँगी
बादल हैं जो फ़िरकापरस्त
मैं उनको दूर भगाऊँगी
मैं हवा ज़िन्दगी के मानी
सबको खुलकर समझाऊँगी
मौसम होगा फिर हरा-भरा
मैं तेज़-तेज़, मैं ज़रा-ज़रा
मैं हवा-हवा मैं हवा-हवा
मैं हवा-हवा, मैं ज़रा-ज़रा
मुझको तो ज़िन्दा रहना है
धीरे-धीरे यूँ बहना है
तुमको तो सँग-सँग रहना है
मैं बहुत-बहुत, मैं ज़रा-ज़रा

मैं हवा-हवा, मैं हवा-हवा
ये साँस-साँस, ये गीत-गीत
खुलकर होगी फिर बात-चीत
हमको तो हरदम रहना है
हमको बहना है, बहना है
मैं हवा-हवा मैं हवा-हवा
दुनिया में रहना सदा-सदा
जीवन ही जैसे एक सदा
मैं घूँट-घूँट, मैं ज़रा-ज़रा
मैं हवा-हवा, मैं हवा-हवा
मैं बहुत-बहुत, मैं ज़रा-ज़रा
मैं हवा-हवा, मैं हवा-हवा

•

चुप-चुप हैं जल जंगल ज़मीन

ख़ामोश हवा
ख़ामोश फ़िज़ा
चुप-चुप हैं जल जंगल ज़मीन
अपना हक़ बढ़कर छीन यार
अपना हक़ बढ़कर ज़रा छीन
सिर पर छाया है आसमान
सब अपने हैं दुनिया जहान
अपनी आँखें, अपनी धरती
कैसी संसद, क्या संविधान
तू बोल ज़रा
मुँह खोल ज़रा
हासिल कर ले खोया यक़ीन

तू जिजीविषा का महागान
तुझसे सन्ध्या, तुझसे विहान
साँसों में सजे समय-सरगम
तू आदियोग वाला वितान
हो आग ज़रा
तू जाग ज़रा
पलकों से सपने बीन-बीन

शासन फैलाये जात-पात
सारी जनता है दाल-भात

छीनी उसने होली-ईदें
छीने मंगल या जुमेरात

तू जान ज़रा
पहचान ज़रा
वो हद दर्ज़े का है कमीन

तू मुहिम छेड़, तू मुहिम छेड़
तू चल खेतों की मेड़-मेड़
हर मौसम तेरा अपना है
तू हो क्यों हाँकी गयी भेड़

तू फूल खिला
घर-गाँव-ज़िला
बिखरा दे मुस्कानें महीन

एक दुनिया कई हिस्सों में

भीड़ से भागे हुओं ने
भीड़ कर दी
एक दुनिया कई हिस्सों में
कुतर ली
        सिर्फ़ ऐसी और
        तैसी में रहे,
        रहे होकर ज़िन्दगी भर
        असलहे
जब हुई जैसी ज़रूरत
आँख भर ली
        रोशनी भर, आँख में,
        पूजा अँधेरा
        आइनों में स्वयं को
        घूरा-तरेरा
वक़्त ने हर होंठ पर
आलपिन धर दी
        उम्र बीती, बात करना
        नहीं आया
        था कहीं का गीत,
        जाकर कहीं गाया
सिर्फ़ ख़ुद की ही
ख़बर दी या ख़बर ली

•

मैं औरत थी, मैं सूपनखा

मैं सूपनखा, मैं सूपनखा
मैंने हैं कड़वा सत्य चखा
हे राम! परात्पर प्रभु मेरे
तुमने क्या मेरा मान रखा
तुमको मन-ही-मन माना था
मैंने तो अपना हृदय-सखा
तुमसे कोई प्रतिवाद नहीं
कोई भी तो कुछ कह न सका
मैं औरत थी, मैं सूपनखा
दिल में हलकी-सी हलचल थी
जीवन की गति ही चंचल थी
रुनझुन करती-सी पायल थी
मैं चाह रही थी, चाह मिले
जीने की कोई राह मिले
मुझको अपनी-सी बाँह मिले
फिर दाह मिले या आह मिले
अच्छा लगता था नीलकमल
आँखों-आँखों राजीवनयन
गोरी परछाईं लक्ष्मण की
थे राम हमारे नीलगगन
वो कैसा प्रणय निवेदन था
मेरा तो सघन समर्पण था
मैं चाह रही थी, चाह मिले

संसार मिले, घर-बार मिले
जीने का कुछ अधिकार मिले
पर हुआ बहुत-कुछ उलटा ही
दोनों भाई खेले ऐसे
जैसे मैं कोई फुटबाल हुई
आँसू-आँसू रूमाल हुई
प्रभुता की गहरी चाल हुई
मैं राजनीति-सी रची गयी
धुँधली रेखा-सी खिंचो गयी
मैं देह धरा अपमान हुई
सत्ता के हित वरदान हुई
ग़फ़लत में अपनी जान हुई
रामत्व कहाँ पर छीज गया
दामन ही अपना भीज गया
थे लक्ष्मण जी आज्ञाकारी
नत होकर अपना काम किया
वो नाक न केवल मेरी थी
वो औरत के चेहरे पर थी
नारी कुल की ही नाक कटी
फिर भी न कोई बात उठी
औरत का यूँ उपहास हुआ
फिर मिथक-मिथक इतिहास हुआ
धज्जी-धज्जी मर्यादा थी
औरत तो केवल मादा थी
थे राम लला पावन शोभित
लक्ष्मण का माथा था तिलकित
हम हुए कलंकित-अपमानित
अपमानित हुए कलंकित हम
मैं औरत थी, मैं सूपनखा

मैं बादल थी, मैं आँचल थी
आँखों का गहरा काजल थी
मैं जादू थी, मैं ख़ुशबू थी
मैं कहीं नहीं, मैं हर सू थी
मैं औरत थी, मैं सूपनखा
मैंने है कड़ुवा सत्य चखा
थर-थर करता जीवन सारा
क्या धारा है, क्या मझधारा
बातें क्या हों, अँधियारे की
है धुआँ-धुँआ-सा उजियारा
मैं औरत हूँ, मैं सूपनखा
मैंने तो कड़ुवा सत्य चखा
मैं औरत हूँ, मैं सूपनखा

•

गाली भी मन्तर लगती है

गोरी बाँहों पर
काला-सा जन्तर लगती है
तुम बकते हो
तो गाली भी मन्तर लगती है
सुबहें शामें भी
मन्त्रों के फूल ओढ़ती हैं
धाराएँ तो अपने-अपने
कूल ओढ़ती हैं
नदी नींद में
सोया हुआ समन्दर लगती है
धूप रूप के चेहरे पर
शीशा चमकाती है
धीरे-धीरे मीठा-मीठा-
सा ग़म खाती है
तुमसे जुड़कर
कोई भी ऋतु सुन्दर लगती है
एक तरह से उजले से
दिन रातें करते हैं
झरने-झील, घाटियाँ-पर्वत
बातें करते हैं
हँसी, फूल पर लिखा
ओस का अक्षर लगती है

सात समन्दर सात आसमानों
सा जगता है
सात रंग का, सात सुरों का
मेला लगता है
छवि रह-रहकर अपना ही
विषयान्तर लगती है
रोज़-रोज़ ही 'शेड' सुबह का
बदला करता है
कोई पल हाथों से आकर
फिसला करता है
घड़ी-घड़ी, जादू करती,
जादूगर लगती है।

निकला हूँ अन्तर्यात्रा पर

जंगल नदी पहाड़ भूलकर
निकला हूँ अन्तर्यात्रा पर
ये सब-कुछ क्या दुर्निवार है?
अन्तर्वंशी की टेर रही अनसुनी,
रहा अनसुना समय
हाथों से फिसल गये पल-छिन
हमने कितना ही गुना समय
दीवारों चढ़ी चीटियों की
इक लम्बी चौड़ी-सी कतार है
धार-धार कब निराधार है?
बाहर-बाहर, बाहर-बाहर
बौराये से बीते-बीते
कोई भी विजय-पराजय क्या
अपने से ही हारे-जीते
भीतर के भरे समन्दर का
ज्वर चढ़ा, अजब-सा चढ़ा ज्वार है
मुश्किल से इसका उतार है
पग-पग ख़ुद का ही द्वन्द्व हमें
उलझाता रहा, उलझता-सा

मन की टूटी सीढ़ियाँ रहीं
कैसे चढ़ता स्वर सजता-सा
अपना सावन भादों कैसा
कातिक कैसा, कैसा कुआर है
सब जीवन के आर-पार है।

बात-चीत ज़रा

चलो शुरू करें बात-चीत ज़रा
जिन होंठों पर रखा अबोला है
उन होंठों पर रख दें गीत ज़रा

फूलों पर ठहरी-सी ठिठकी-सी
चुप-चुप-सी ओस आँच देती
ख़ुशबू-सा जो लिखा पखुरियों पर
बिन बोले-कहे बाँच लेती

चलो शुरू करें बात-चीत ज़रा
कुहरा है अकुलायी आँखों में
साँसों में दहका है शीत ज़रा

अपने को आज़मा लिया जी भर
चाह नहीं तुम्हें आज़माने की
अरसे से रही रेशमी कोशिश
सूरज को झील में डुबाने की

चलो शुरू करें बात-चीत ज़रा
मन के ही हारे थी हार बहुत
मन के ही जीते हो जीत ज़रा

हो चला सिलेटी जो काला था
परदा तो हटना है रातों का

एक सिलसिला देगा जीवन को,
सिलसिला थमा है जो बातों का
चलो शुरू करें बात-चीत ज़रा
हम सपनों की सुबहें सोच रहे
तुम भी कुछ सोचो ओ मीत ज़रा।

●

जाति धर्मवाला बुखार है

सुबह-सुबह का
बिलकुल ताजा समाचार है
चढ़ा शहर को
जाति धर्मवाला बुखार है
इसके-उसके हाथों का
झुनझुना रहे हैं
लोग हवा में
मन्दिर-मस्जिद बना रहे हैं
एक लड़ाई अपने से ही
आर-पार है
रोज़ी रोटी में भी
बस अगड़ा-पिछड़ा है
ऊँच-नीच का,
आरक्षण का झगड़ा है
इसकी टोपी,
उसका आँचल तार-तार है
जाति धर्म दोनों की
जननी है महँगाई
इधर कुआँ है,
उधर कुएँ से गहरी खाई
आँखों-आँखों पर
सपनों का बहुत भार है

अख़बारों में

ख़ास आदमी का चेहरा है

आम आदमी

बस अन्धा गूँगा बहरा है

सुख वो क़ैदी है,

जो जन्मों से फ़रार है

दृश्यों को कर दिया

आँसुओं ने ही खारा

अफ़वाहों की आग,

झुलसता जंगल सारा

सिर्फ़ धुआँ ही पीती

पेड़ों की क़तार है।

कई क़िस्से नींद में हैं

चोट पर हल्दी,
ज़ेहन में गीत दादी के
कई क़िस्से नींद में हैं
शेख सादी के

एक बूढ़ा पेड़
अपनी छाँव भी लेता गया
कुआँ-पोखर-ताल,
कस्बा-गाँव भी लेता गया
शब्द गुमसुम हुए
सुबहों की मुनादी के
प्लेटफारम पर समय है
बेंच पर बैठा हुआ
दूर से आती हुई-सी
रेलगाड़ी ने छुआ
आँख मलते, धुआँ पहने
दिये आँधी के

पी रही सच,
रोशनी की आँख की सारी नमी
अब कहाँ है ईद-होली
अब कहाँ जन्माष्टमी?
गुम गये हैं रेशमी धागे
'इला दी' के।

रेलगाड़ी नींद में

तेज़ बारिश
औ' पहाड़ी नींद में
भीगती है
रेलगाड़ी नींद में
खिड़कियों से
आँख की सीमा जहाँ तक
नदी उमड़ी नींद की
देखो वहाँ तक
देह लिपटी हुई
साड़ी नींद में
बोलते हैं, बोलते हैं,
बोलते हैं
चुप रहस्यों को
समय पर खोलते हैं
खेत-जंगल,
झील-झाड़ी नींद में
एक हलचल-सी हुई
थिरने लगी
सुबह से ही बर्फ़-सी
गिरने लगी
सिरफिरा मौसम
अनाड़ी नींद में।

शोक सभाएँ करते हैं हत्यारे

पहले लेते जान
और फिर करते वारे न्यारे
कैसा दफ़्तर
शोक सभाएँ करते हैं हत्यारे

विगत हुए कर्मी की
कर्मठता की चर्चा करते
बजते सिक्के से शब्दों को
खुलकर खर्चा करते

उनको दुनिया ऊपर कहते
जो हैं स्वर्ग सिधारे

कम्पल्सरी रिटायर चेहरे
या सच बन्द मिलों का
रखकर मौन समझ पाये कब
हाहाकार दिलों का

अनुकम्पा नियुक्ति कब देते
ग्रह नक्षत्र सितारे

लोहे के फाटक पर
बैठाते हैं फ़र्ज़ी प्यादा

कार्यालय को कारागार
बनाने पर आमादा

सुख के सूट और टाई पर
सजते हैं दुखियारे

अहं बहुत ऊंचा है लेकिन
सिर नीचा कर लेते
अभिनेता हैं सिद्ध,
खुश्क-सी आँखों को भर लेते

वक़्त ज़रूरत बन जाते हैं
आँसू के हरकारे।

बहुत सूना लग रहा है

बहुत सूना लग रहा है
इक अँधेरा,
कुछ उजाले की तरह से
जग रहा है
बहुत सूना लग रहा है

अब नहीं कबिरा, नहीं
गन्धर्व जो दीखें गली में
लग रही है ये सदी
सारी-की-सारी बेकली में
कौन ठगवा है, नगरिया लूटकर
फिर ठग रहा है

एक तुरपन और फिर तुरपन
कि फिर तुरपन समय की
एक्सरे में आ रही, तस्वीर
धुँधले से हृदय की
फटी कथरी में, चकत्ते-सा
सितारा तग रहा है
बहुत मीठे से तआल्लुक़ भी
न मीठे रह गये हैं
हो गया गुड़ धुआँ सारा
सिर्फ़ चींटे रह गये हैं
चाशनी में एक कड़वापन
सुबह से पग रहा है।

•

मछलियाँ बोलती हैं

पानीदार अँधेरे में
मछलियाँ बोलती हैं
उजियारा हो जाता है
जब आँख खोलती हैं

सतह काँप जाती है
थिर तालाब जागता है
लहरों पर तिरता-सा
कोई ख़्वाब जागता है
कभी तैरती हैं, तो केवल
कभी डोलती हैं

जाल काटती हैं
सारा शैवाल काटती हैं
चुप रहकर सोते
पानी को ज़रा डांटती हैं

किरन किरन बन
घनी नींद में सुबह घोलती हैं

साहिल को चौकन्नी
आँखों से सहलाती हैं

धार चीरकर, धाराओं
का मन बहलाती हैं

अपनी ख़ातिर नयी मुसीबत
रोज़ मोलती हैं।

क्रूर हुई तारीख़ें...

दुनिया से खारिज करती है
दुनियादारी भी
कई बार तो ताक़त देती है
बीमारी भी
    जिनके जबड़ों ख़ून लगा
    ख़ुद ख़ून फेंकते दिखते
    लिये क़लम सोने का
    जब भी सस्ते निर्णय लिखते
अपने ही पैरों पर गिरता
अत्याचारी भी
    उड़ना नहीं जाननेवाला
    जो पर तोले भी
    चले हवा तो
    अडिग हुआ सिंहासन डोले भी
अपना पीढ़ा पानी खोती
मनसबदारी भी
    सब-कुछ उलट-पुलट जाता है
    बदले नक्शा भी
    कठिन सफ़र में हलका लगता
    भारी बक्सा भी
क्रूर हुई तारीख़ें,
होती हैं बेचारी भी।

मैं तुम्हारा शब्द हूँ

टिमटिमाता सांध्य के आकाश में
फिर शुक्रतारा
मैं तुम्हारा शब्द हूँ
तुम मौन हो जैसे हमारा
बोलती हैं खिड़कियाँ भी
बात करते हैं उजाले
लौट आते हैं वही दिन
याद के ओढ़े दुशाले
जोड़ती है हमें तुमसे
एक अन्तःसलिल धारा
पेड़ की परछाइयों से
धूप करती है ठिठोली
यहीं आकर रोज़ सूरज
डाल जाता रंग-रोली
यहीं पहले पहल
अपनी नाव पायी थी किनारा
आज भी वो शाख
फूलों की, हमारा छू रही सिर
रेत पर जो पाँव हैं,
अब भी दिखें जा रहे मन्दिर
पास आकर भी, तुम्हें हमने,
हमें तुमने पुकारा।

रोटी फूली नहीं समाती है

थाली सारा घी पी जाती है
रोटी फूली नहीं समाती है
माँ का प्यार, बहन का परसा
गृहलक्ष्मी का चूल्हा
बेटा दिखता है ज्यों हर पल
पगड़ीवाला दूल्हा
भूख नये से स्वाद जगाती है
जादू-टोना, दही बिलोना
और बनाना मठ्ठा
चौका सोचे, दादी का
सपना हो हट्टा-कट्टा
खीर कटोरी पास बुलाती है
पीला चावल, दाल बसन्ती,
बर्फ़ी केसरवाली
गुझिया पापड़, लाई-लावा
ज्यों होली दीवाली
रंग उड़ाती, दिये जलाती है
गाजर का हलुवा, हलुवे में
बोल रहा है पिस्ता
बेसन के लड्डू-सा महके
मीठा-मीठा रिश्ता
देहरी सुख से नहीं अघाती है।

श्वेत बरौनीवाली आँखें

श्वेत बरौनीवाली आँखें
दरवाज़े पर हैं
ऊँचा सुनकर भी सब सुनते
कान लहर पर हैं

बेटा बहू आ रहे लेकर
नन्हीं-सी पोती
दो जोड़ा तालाब दिख रहे
बड़े-बड़े मोती

खेल-खिलौने, फूल-बताशे
बँधी नज़र पर हैं

आँगन का आकाश
आइने-सा चिहराया था
पीर परायी गाते घर का
चैन पराया था

आज शाम तक लौट रहे सब,
अभी सफ़र पर हैं

जितने गीत लिखे
उतना ही कठिन हुआ लिखना
भर डाला अनन्त
लेकिन कब उॠण हुआ लिखना

रचे-अनरचे जाने कितने
गीत अधर पर हैं

है पीढ़ी तीसरी
मौलश्री खुलकर महकेगी
चहकेंगे दालान-बरोठे
देहरी चहकेगी
खेतों पानी लगा रहे से
मेघ नहर पर हैं
जमी बर्फ़-सा कठिन दुखों का
पर्वत पिघलेगा
इसी मोड़, गोधूली में भी
सूरज निकलेगा
इन्तज़ार है और पाँव
सुनसान डगर पर हैं।

एम्बुलेंस फँस गयी जाम में

साँस-साँस के लिए ज़िन्दगी
हाथ पाँव जोड़े
एम्बुलेंस फँस गयी जाम में
रोगी दम तोड़े
ख़त्म हो गया ऑक्सीजन का
भरा सिलिण्डर भी
खपा रही है कठिन व्यवस्था
बस अपना सर ही
सबके अपने वाहन आख़िर
कौन किधर मोड़े?
रेड सिग्नल पर देश
खड़ा-सा है चौराहे पर
धूल झोंकती आँखों में
नीली बत्ती बर्बर
हत्यारी सड़कों पर दौड़ें
पुलिसों के घोड़े
नली लगी है मुँह में
चेहरे झुके हुए से हैं
धड़कन थमी हुई है
पहिये रूके हुए से हैं
आम आदमी उँगली पर
गिनता है दिन थोड़े।

अक्षरों का आयतन

नहीं, हाथ आता नहीं है
अक्षरों का आयतन
टूट सकता है कभी भी
साँस लेता सन्तुलन
अगरचे आ जायँ
खिलने पर दुखों के फूल भी
दूर से दीखें, सुखों के
झूमते मस्तूल भी
जिन्दगी की नाव करती
हर लहर पर सन्तरण
धार से, मझधार से
या चीख पड़ती भँवर से
रोज़ ही होता गुज़रना
भीड़वाले शहर से
नदी तो आख़िर नदी है
जानती है नदीपन
मिल न पाये जो कभी
उन तानपूरों की क़सम
मंज़िलों से बात करते से
सुरूरों सुरूरों की क़सम
एक पगडण्डी समझती है
पथों का बाँकपन।

इन्नर राजा कहाँ गए?

आँसू और पसीना हमको बहा गये
सुन्नर पाँड़े, इन्नर राजा कहाँ गये?
काम न आया
मन की खेती
बरसा अनबरसा भादों
हाथ आयी बस
टूटी-सी छत
सूखा-सूखा दधिकाँदो
क्या ऐसा ही मौसम है तुम जहाँ गये?
उमस बढ़ी है
राख हुए से
सपने पगडण्डी पर हैं
ठठा-ठठा शनिदेव
हँस रहे
लगे हुए मण्डी पर हैं
जहाँ हरा है पहले से तुम वहाँ गये
हवा संग
चिनगारी उड़ती
पत्ती-पत्ती झुलसी है
अपना आँगन
ढूँढ़ रही जो
घर आँगन की तुलसी है
बादल-बादल कपड़े जैसा तहा गये

•

कसो इतना

टूट जायँ तार
इतना मत कसो
कसो इतना
सुर निकलते रहें अविकल
राग के आसार में
रस का सरोवर
चैन दूभर हो
न अपनी नींद दूभर
टूट जायँ तार
इतना मत कसो
कसो इतना
घिरे घेरे घना बादल
सहज हो आलोचना,
अनुवाद हो
हर लहर काशी,
इलाहाबाद हो
टूट जायँ तार
इतना मत कसो
कसो इतना
नदी कोई बहे कल-कल
पथ अगोरें
फूल जैसे खिले शिकवे

बहुत मौलिक हों
हमारे गिले-शिकवे
टूट जायँ तार
इतना मत कसो
कसो इतना
खुले मन की बन्द साँकल।

हँस रहे हैं हाशिये

बीच धारा
हँस रहे हैं हाशिये
रोशनी दे रहे,
पानी पर दिये
　　चाँद है या
　　पतँग उलझी पेड़ से
　　देखिये तो
　　खेतवाली मेड़ से
डोलती है चाँदनी
महुआ पिये
　　चुप सदी को
　　सोचिये तो ध्यान से
　　दूर करिये
　　ये मोबाइल कान से
याद आयेंगे
बहुत से वाक़िये
　　इस सड़क से
　　उस गली का वास्ता
　　देखना क्या
　　चिट्ठियों का रास्ता
देखते 'ई-मेल'
ख़ुद ही डाकिये।

आज महावत को मारा है हाथी ने

आज महावत को मारा है हाथी ने
सावधान रहना!
जनता ऐसे ही मारेगी
अपने ऊपर लदा हुआ हर क़र्ज़ उतारेगी
सूरज उगने से
आख़िर कब तक सकुचायेगा
बरसों से बाक़ी सुबहों का
फ़र्ज़ चुकायेगा
आज महावत को मारा है हाथी ने
सावधान रहना!
जनता ऐसे ही मारेगी
बाहर आना होगा जब खुलकर ललकारेगी
रेज़ा-रेज़ा हुए ख़्वाब से
आँख जोड़ लेगी
नोंक तोड़ देगी, भाले
बेख़ौफ़ तोड़ देगी
आज महावत को मारा है हाथी ने
सावधान रहना!
जनता ऐसे ही मारेगी
ज़ख़्मी सिर पर मिली जीत का सेहरा धारेगी
बारूदी बादलवाले
दरवाज़े खोलेगी

देख चुकी चुप रहकर सब-कुछ
अब तो बोलेगी
आज महावत को मारा है हाथी ने
सावधान रहना!
जनता ऐसे ही मारेगी
गर्म लहू से मंसूबों के पाँव पखारेगी।

•

ज़िन्दगी जब समझ आती

एक भी पन्ना बमुश्किल
दीखता है कहीं सादा
ज़िन्दगी जब समझ आती
बीत चुकती है ज़्यादा
दर्द का गहरा अँधेरा
निथरता परछाइयों से
बात करना लाज़िमी होता
घनी तनहाइयों से
गीत कोई याद आता
कुछ अधूरा और आधा
कुली का बोझा बनी-सी
रात मिलती ऊबती-सी
ट्रेन दिखती धुन्ध में ही
कहीं गहरे डूबती-सी
सफ़र के काँधे दुखे से
ओढ़ते सिर पर लबादा
थरथराने साँस लगती
ज्यों किसी अनजान भय से
कौंधने लगता धुएँ-सा
आग के ही बीच जैसे
उम्र का पिछला तक़ाज़ा,
उम्र का अगला इरादा।

•

जय जयवन्ती चिड़िया

मधुपथ की है पन्थी चिड़िया
जय हो जय जयवन्ती चिड़िया
मन हर पल सोचा करता है
कैसी है वासन्ती चिड़िया
उसके पंखों गगन बँधा है
पैरों से नत्थी ज़मीन है
बेयक़ीन से इस मौसम में
वो ख़ुद ही अपना यक़ीन है
सूरज से भी आँख मिलाती
वैसे है लजवन्ती चिड़िया
सपनों का सरगम है कोई
कठिन समय को भी स्वर देती
सरसों के पीले फूलों से
प्राणों को जैसे भर देती
सफ़र सन्दली है जीवन का
धीरे-धीरे भिनती चिड़िया
छत आँगन पर घिरे हुए से
ख़ुशबू के बादल भेजे हैं
उसने ही तो आज से बेहतर
आनेवाले कल भेजे हैं
मन से कोई झरना फूटे
साँसों से जब छनती चिड़िया।

तालियों जैसे बजे हैं

मज़ा देते दूसरों को
हम कि दुखते से मज़े हैं
दूसरों की ही ख़ुशी में
तालियों जैसे बजे हैं
कभी इनकी, कभी उनकी
सफलता पर हँसे-नाचे
ढूँढ़ते ही रहे अपने लिये
बस सींकचे-साँचे
महफ़िलों-मंचों-सभाओं की
सजावट है, सजे हैं
बात करते आइनों से
आइनों से मुँह चुराते
आँसुओं को दफ़्न करके
हम कहाँ तक मुस्कुराते?
याद सबको रखा लेकिन
हम कि अपने को तजे हैं
काग़ज़ों की नाव लेकर
काग़ज़ों में डूब जाते
बहुत बहलाते दिलों को
बहुत ज़्यादा ऊब जाते
ज़िन्दगी के फ़लसफ़ों के
भजन ही केवल भजे हैं।

●

नींद में हो रही बारिश

ख़्वाब सच हों, है हसीं हर चन्द कोशिश
नींद ही में हो रही है कहीं बारिश
रात, काली रात
उजली-सी पहाड़ी
खिलखिलाकर हँस रहा
मौसम अनाड़ी
बीच जंगल में कहीं पर
रूकी गाड़ी
जुगनुओं की जल रही बुझ रही माचिस
साँवले-से
रोशनी के हैं इशारे
हवा चलती
पेड़ होते हैं उघारे
घाटियों से ही
नदी का घर पुकारे
हर लहर शोला कि है हर लहर आतिश
लड़कियों से
झील झरने खेत हारे
फूल अपनी पत्तियों को
आँख मारे
ओट में शरमा रहे हैं
गीत सारे
पढ़ रहे हैं सोबती का 'दिलो दानिश'।

समय को पुकार लें

चलो आज समय को पुकार लें
पौधों को देर तक निहार लें
समझे, हैं
प्यार का मसीहा जो
फ़ाइनल करें
आधा-तीहा जो
कागज़ पर नज़्म-सी उतार लें
फूलों को छू ही लें
आँखों से
बतियाएँ हरी-भरी
शाखों से
धूल मेज़पोश की बुहार लें
हर दूरी
थोड़ी नज़दीक करें
कुर्ते पर सदरी को
ठीक करें
जो भी हो भूल, वो सुधार लें
पत्रों पर शब्द को
फिसलने दें
जो बिछुड़ा है उसको
मिलने दें

तुमसे ही सुखों का उधार लें
साफ़ करें
घर भर का कूड़ा
खुल जाय
बँधा हुआ जूड़ा
शीशे में बाल को सँवार लें।

दिल के राडार में

फ़ुर्सत-सी नहीं रही
फ़ुर्सत इतवार में
कुछ उथल-पुथल-सी है
दिल के राडार में
दिखता है जो
उससे कहीं अधिक टूटा है
फिर भी है कड़ी जान,
आदमी अनूठा है
लगा हुआ सुबह-शाम
दुख के सत्कार में
पान फूल मेंहदी को
अब नहीं रचाना है
जैसे भी हो
भारी टैक्स को बचाना है
क्या कुछ है नहीं छपा
ताज़ा अख़बार में
घाव खुले, ऑफ़िस भी
खुला हुआ छुट्टी में
चोटों पर चोट की
विरासत है घुट्टी में
फ़र्क़ नहीं कुछ भी रवि,
मंगल बुधवार में।

ये काल दूभर

काटती है गाय चितकबरी
कठिन ये काल दूभर
पेड़ से सटकर खुजाती कान
जैसे दोपहर
खोखलों-सी आँख में
सपने नहीं, है सिर्फ़ पानी
बीतता जाता पहर
कहता नहीं कोई कहानी
दृश्य कोई भी कहीं
दिखता नहीं है आँख भर

पाँव धरता, चरमराते हुए पत्तों पर
समय
महज़ कविताएँ दिखें,
दिखता नहीं है कवि हृदय
हर क़दम संवेदना,
सद्‌भावना है दरबदर
गिन रहीं जाते हुए
दिन रात बस तनहाइयाँ
शाम से पहले, बहुत पहले
घिरें परछाइयाँ
रेत के अन्धे कुएँ हैं
तिश्नगी की राह पर

धूप केवल धूप
केवल धूप की है सल्तनत
दूर तक छायी हुई है
आसमाँ की क्रूर छत
पाँव नंगे
और काटों से भरी है रहगुज़र।

दीवार मत बनना

किसी के हाथ का
हथियार मत बनना
किसी की राह की
दीवार मत बनना
        पुजो मत
        पूजना भी मत किसी को
        समझना आदमी से
        आदमी को
कि इन्साँ हो
कभी अवतार मत बनना
        मुसीबत की नदी को
        पार करना
        दुखों को सीख लो
        त्यौहार करना
कि टूटी बाँह-सी
पतवार मत बनना
        कभी ख़ाली न हरगिज़
        बैठ जाना
        कभी कब व्यर्थ होता
        छटपटाना?
बहुत हो काम
तो इतवार मत बनना

पढ़ो मुश्किल समय को
ध्यान देकर
करोगे क्या भला
अज्ञान लेकर
ख़बर बनना
मगर अख़बार मत बनना
मिलेगा क्या
सुरों की जान लेकर
सुनो हर बेसुरापन
कान देकर
बिखर जाती हुई
झंकार मत बनना।

सावन के झूले उदास हैं

पेड़ कट गये
सावन के झूले उदास हैं
        जिनकी शाखों पर,
        डालों पर जीवन था
        जिनकी छाया में
        बरखा का आँगन था
वो सारे क़िस्से-कहानियाँ
बदहवास हैं
        जिनसे हरे-भरे सपनों का
        आसमान था
        जिनसे छनकर रोज़-रोज़
        आता विहान था
वो सारे सन्दर्भ,
आज खोयी तलाश हैं
        जिन पर कलरव था,
        बोली थी, भाषा थी
        आनेवाले कल की
        कुछ प्रत्याशा थी
आज वही टुकड़े-टुकड़े हो
आसपास हैं।

कुछ ध्रुवान्त हैं ऐसे

पत्तों से क्लोरोफ़िल लेकर
दुरभिसन्धि हरियाली से
कुछ ध्रुवान्त हैं ऐसे, करते
समझौते ख़ुशहाली से

इस पतझर से उस पतझर तक
हरे घाव, पीले चेहरे
सूखे होंठ लिये सजते हैं
आँसू से गीले चेहरे

भरी तिजोरी, 'छापक छैया'
करती है कंगाली से

जड़ से बस जुड़ाव की बातें
सात आसमानों के छल
सूरज की बातें करते हैं
रातों के काले कम्बल

कारोबार उजाले का है
डर लगता दीवाली से

शाखों दर शाखों पर पंछी
रैन बसेरा भूल गये
टूटी बाँह लिये, बस्ता कब,
फूल कभी स्कूल गये?

धधक रहा जंगल का जंगल
सच लगते हैं गाली से।

बावड़ी का जल

हिल रहा है
बावड़ी का जल
जग रहा बीता हुआ-सा कल
काँपता काली तरलता में
एक उजली याद का मंज़र
छू रही है छाँव छवियों की
हो रही है शाम से कातर
बज रही है
द्वार की साँकल

प्यार की परछाइयों में ही
इक सवेरा साँस लेता है
ख़ुशबुएँ देता घरौंदों की
अँजुरियों के फूल देता है
मौन पूजा के
महकते पल

रेशमी सच्चाइयों के भी
झूठ भी तो रेशमी से हैं
पास से जाकर इन्हें देखो
गुनगुनाती ज़िन्दगी से हैं

समय होता
    जा रहा विह्वल

    साँवले सूरज नहीं होते
    साँवली होती दिशाएँ हैं
    फेफड़ों में ही कहीं भर लो
    पर्वतों की ये हवाएँ हैं
मौसमों को
    कर रही पागल

    दस्तख़त से शुभ दिनों के हैं
    ओस से भीगे हुए टटके
    रोशनी के रास्तों पर ही
    सो रहे खरगोश आहट के
सो रहा है
    आँख का काजल।

भाव संचारी

हम तुम्हारे बहुत आभारी
जग रहा है भाव संचारी
आँच देती ओसवाले
फूल में तुम ही बसे
बह रहा संगीत तुममें
तार वीणा के कसे
तुम्हीं से त्योहार सारे
तुम्हीं त्योहारी
तुम्हें देखा तो सुबह का
मन ज़ेहन में सज गया
समझ आया नहीं,
सूरज उगा औ, नौ बज गया
व्यर्थ-सा लगने लगा
हर काम अख़बारी
एक लम्बी सड़क
ले आयी नदी के पुल तलक
तलत को सुनते हुए
फिर आँख आयी है छलक
दिये जलते रहे,
उजियारा रहा तारी।

•

बहस सारी बेनतीजा हैं

गोष्ठियाँ हैं और वीजा हैं
बहस सारी बेनतीजा हैं
वक़्त ही जैसे कन्हाई है
चरित की लेकिन दुहाई है
सालियाँ-सलहजें, जीजा हैं
बन्द मुँह है और थैले हैं
पतिपरायण-सी रखैले हैं
चौथ करवा और तीजा हैं
नीति की रणनीति की बातें
रस्म की या रीति की बातें
रूह से अलहदा जी जाँ हैं
सल्तनत के शीर्ष पर देखो
एक उड़ती-सी नज़र फेंको
सिर्फ़ भाई हैं, भतीजा हैं।

•

एक प्रतिप्रश्न

एक प्रतिप्रश्न
घने झुरमुट में
कौंध गया जुगनू-सा
मूलप्रश्न जहाँ का तहाँ
    बन्दी है रोशनी अँधेरों में
    बाज़ारों के ज़ालिम घेरों में
    सूर्य किरन ढूँढ़ना असम्भव है
    कुहरे में ग़र्क इन सवेरों में
एक बियाबान
जगा साँसों में
चीर गया चाकू-सा
हम पहुँचे कहाँ-से-कहाँ
    छाँह नहीं रही बरगदी
    खुलकर है खिली त्रासदी
    काई से ही निबाह है
    नदी नहीं रह गयी नदी
एक सायबान
सजा सुविधा का
प्लास्टिक की रोहू-सा
रेतीला हो गया जहाँ

सतह पानी की

इबादत जाग जाती है किसी भूली कहानी की
न देखो इस तरह से काँपती है सतह पानी की
ज़ेहन में कौंधती सुबहें कई धोखे बताती हैं
कि बेबुनियाद बातें रात-भर हमको सताती हैं
हमें पहचान लेती, ढीठ ख़ुशबू रातरानी की
शजर बूढ़ी दुवाओं के किसे कब शाप देते हैं?
हम अपना क़द पहाड़ों पर खड़े हो नाप लेते हैं
कहीं अल्फ़ाज़ शीशा, ऋतु कहीं सादाबयानी की
उछलते तेज़ झरनों से कई खरगोश दिखते हैं
घनी परछाइयों में हम तुम्हीं को 'धूप' लिखते हैं
बिखरती है कहाँ तस्वीर बचपन की, जवानी की।

•

पापा लौट रहे दफ़्तर से

ख़ाली जेबों-सी आँखों से
बच्चे देख रहे
पापा लौट रहे दफ़्तर से
ख़ाली-ख़ाली हाथ
हवा हो गये वो गुब्बारे
परियोंवाले किस्से प्यारे
नन्हें हाथों के कंचे भी
जैसे हुए गगन के तारे
दरवाज़े पर बाँह पसारे
बच्चे छेंक रहे
पापा लौट रहे दफ़्तर से
ख़ाली-ख़ाली हाथ
चटुईवाले हाथ पसीजे
टूटे हुए खिलौने खीझे
गुम हैं बोल, झुनझुने गुमसुम
सजल हुई आँखें, मन भीजे
घर भर पर उड़ती-उड़ती-सी
नज़रें फेंक रहे
पापा लौट रहे दफ़्तर से
ख़ाली-ख़ाली हाथ

टॉफ़ी की पन्नी बहलाती
बीती हुई गन्ध सहलाती
बस्तों में सहेजते सपने
बिना ज़िल्द की चिथड़ी थाती
पेट पीठ की कहा सुनी में
घुटने टेक रहे
पापा लौट रहे दफ़्तर से
ख़ाली-ख़ाली हाथ
अधनिचुड़े हैं बादल काले
चेहरे भरी झुर्रियोंवाले
प्रश्न पूछते, नयी सुबह के
दिशाहीन सुकुमार उजाले
धूप ज़िन्दगी की सन्ध्या की,
बाबा सेंक रहे
पापा लौट रहे दफ़्तर से
ख़ाली-ख़ाली हाथ।

•

चाँद पर भी गये तो

स्वयं अपने पर फटेंगे
गिर पड़े या ढहे तो
गन्दगी ही ये करेंगे
चाँद पर भी गये तो
दूसरों की चोट गिनकर
अप्रतिम सुख पा रहे
रास्ते ये किस दिशा को
राम जाने जा रहे
हैं पुरानी यन्त्रणाएँ
दुःख नहीं अब नये तो
कुछ नहीं संघर्ष
केवल है कथा संघर्ष की
आ रहे कल के लिए है
बात बीते वर्ष की
हैं समय के घोसलों में
उड़ रहे थे बए जो
कौन कहता है
कि बादल साँवले से छँट गये
आपसी संवाद, उड़ती
पतंगों से कट गये
कब न जाने बोल पायेंगे
कि गूँगे भए जो

•

मौसेरे भाई

तेरे हैं न मेरे भाई!
चोर-चोर मौसेरे भाई!
हैं सत्ता के गलियारे में
बगुला भगत अँधेरे भाई!
राम नाम की लूट मची है
फूलें फलें लुटेरे भाई!

जन्मकुण्डली बाँच रहे हैं
बिना ताल के नाच रहे हैं
काली-काली करतूतों की
उजली खादी टाँच रहे हैं

चौबिस घण्टा सूरज चमके
ऐसे रैन बसेरे भाई!
हैं धृतराष्ट्र, पिता का गौरव
लायक पूत कमेरे भाई!
माँ गान्धारी पट्टी बाँधे
करते मौज सवेरे भाई!

जोड़ गाँठ है, गुणा भाग है
धुआँ पहनती हुई आग है
जनता तो है गाजर मूली
या फिर कटता हुआ साग है

राजा की ख़ातिर तो बस हैं
डोरी डण्डा डेरे भाई!
पुरूषारथ के, परमारथ के
जंगल बड़े घनेरे भाई!
राम भरत के क़िस्से कहते
मिलते आँख तरेरे भाई!

फिर आयी कबिरा को हाँसी

अज़ान देते
आ गयी खाँसी
इबादत हुई
गले की फाँसी
    आरती से भी
    उठने लगा धुआँ
    आँखों से फिर से
    छह दिसम्बर चुआ
ऐसे में क्या काबा
और कैसी काशी?
    दाढ़ी चोटी में
    फिर से हुई तनातनी
    अँधेरी गलियों से
    नंगी तलवारें ले, निकली रोशनी
फूट-फूटकर रोते,
फिर आयी कबिरा को हाँसी
    साथ-साथ निकल आय
    सड़कों पर सुअर गाय
    जो असहिष्णु हैं,
    वही बनने लगे असहाय
अपनी ही जेबों की
लेने लगे तलाशी।

•

ढेले से बतियाते हैं

हम ऐसे अपना एकान्त सजाते हैं
राह में पड़े ढेले से बतियाते हैं
कितने चमत्कार देखे हैं जीवन में
कठफोड़वा से साँस ले रहे निर्जन में
मन के सन्नाटे भी धूल नहाते हैं
आदत-सी है, चोट लगे चुप रह जाते
बँधी हुई अँजुरी से रिसते, बह जाते
अक्सर बीती हुई गूँज को गाते हैं
छाया-सी कल की तस्वीर टाँगती है
हवा हमीं से अपनी शक्ल माँगती है
तेज़ धूप में अपनी छाँह छँहाते हैं
हम निबाह लेते सच की परछाईं से
झूठ पकड़ लेते शातिर अँगड़ाई से
जी रोता है, आँसू नहीं बहाते हैं।

●

नये साल की फिर तैयारी

क़दम क़दम दादरी-निठारी
नये साल की फिर तैयारी
सूरज के मुँह काला धब्बा
हैरत में हैं अम्मी-अब्बा
अलग-थलग सिद्दीकी-चौबे
कतराते हैं खान-तिवारी
क्या कबीर का दोहा पूजे
पत्थर पूजे, लोहा पूजे
शनि की महादशा क्या जाने
मंगल भवनि अमंगल हारी
सूखा बाढ़ महामारी के
चर्चे हारी बीमारी के
भूख प्यास भूकम्प मातरम
मूली अपने पत्तों भारी
राजा है दरबार सजाये
जनता नौबत सिर्फ़ बजाये
उन्हें सजाए मौत जिन्होंने
सीखा नहीं राग दरबारी
छोटे मुँह से बात बड़ी है
धर्म बड़ा है, जात बड़ी है

ऊँचे दामों बेच रहे हैं
मूल्य हरी सब्ज़ी-तरकारी
पटरी से उतरी है गाड़ी
लहू-लहू है जंगल-झाड़ी
करते हैं एहसान हादसे
दहशत होती है आभारी

गीत जो लिखे

बच्चों की कॉपी से फाड़-फाड़
पन्नों पर गीत जो लिखे
बच्चों की तरह ही दिखे
इनमें है गन्ध घुली बानी की
कुछ बातें परी की कहानी की
दादी के पान की, गिलौरी की
नींद से सजी लोरी नानी की
बच्चों की कॉपी से फाड़-फाड़
पन्नों पर गीत जो लिखे
सचमुच अनमोल हैं बिके
दूध के, दही के उजियारे हैं
चाँदनी नहाये अँधियारे हैं
इनमें है पूर्णिमा पिरोयी-सी
गंगा के, यमुना के धारे हैं
बच्चों की कॉपी से फाड़-फाड़
पन्नों पर गीत जो लिखे
आँधी में दूब से टिके
मीठे हैं, खारे हैं, तुतले हैं
बाबा के बैन बड़े पुपले हैं
साँसें हैं धूप-हवा-पानी की
ये अपनी माटी के पुतले हैं
बच्चों की कॉपी से फाड़-फाड़
पन्नों पर गीत जो लिखे
सब मन की आँच पर सिंके।

•

कोई बूढ़ा...

सवेरों से हमें नहला गया है
कोई बूढ़ा टहलकर आ गया है
इधर है दूध
लाठी उधर रक्खी
सफल दिन की
हुई उम्मीद पक्की
कि घर पर बादलों-सा छा गया है
बहुत-सी बात करता
पंछियों से
कि सूरज सौंपता है
खिड़कियों से
सुबह के आइने को भा गया है
भजन का, गीत का
जागा करिश्मा
रखा अख़बार पर
मुस्तैद चश्मा
कि कुछ खोया हुआ-सा पा गया है
है तुलसी-सूर
मीरा या कबीरा
दुवाओं का लिये
बैठा ज़ख़ीरा
क़यामत पर क़यामत ढा गया है।

नदी न जाने

लहर-लहर का
अपना हस्तक्षेप कठिन होता है
नदी न जाने
कुछ अनहोनी-सा प्रतिदिन होता है
शामिल होते घाट
साज़िशों में बँध जाता पानी
घड़ी-घड़ी पर घड़ियालों की
चलती है मनमानी
पुरोहितों की मुट्ठी में ही
हर पल छिन होता है
भँवर-भँवर में साँप उछलते
सुबहें काली होतीं
मन्त्र न होते, माँ बहनों की
केवल गाली होती
तारे गिनता, आँखों का
आँसू अनगिन होता है
रातें सौंप-सौंप जाती हैं
गलाघोंट सन्नाटे
रेत बिछौना, डंक चुभोता
जैसे बिच्छू काटे
धर्मध्वजा का, धराधाम पर
भारी ऋण होता है।

●

पड़ी हुई हैं सड़कें

मन में हाहाकार सँजोये
चुप-चुप दिल-सी धड़कें
कहीं नहीं जाने की ज़िद में
पड़ी हुई हैं सड़कें
कम होने की कौन कहे
है बोझ बढ़ा छाती पर
अमर हुई हैं धुआँ पहनकर
और ज़हर पी-पीकर
तेज़ धूप में चिहराती हैं
शीशे जैसी तड़कें
कोलतार ही बस जलता है
ठण्डे एहसासों में
बर्फ़ जमा है सदियों की
भारी-भारी साँसों में
इन्तज़ार है, फिर जाने कब
शोलों जैसी भड़कें
आते-जाते पैरों-पहियों
को पहचानें छेकें
नाली-नाली रोएँ
ज़ख़्मों से गड्ढों को देखें
काली रातों में तो
सूखे पत्तों जैसी खड़कें।

भाड़ न फोड़े एक चना...

भाड़ न फोड़े एक चना
पर ताल, एक मछली गन्दा कर देती है
निर्मल पानी को अन्धा कर देती है
कूल किनारे
सब गिरवी है रख देती
अपनी लहरों को ही
गाली बक देती
भाड़ न फोड़े एक चना
पर ताल, एक मछली गन्दा कर देती है
साँसों का सच शर्मिन्दा कर देती है
बात न खुलकर
करती है मझधारों से
सब-कुछ तय करती है
जीतों-हारों से
भाड़ न फोड़े एक चना
पर ताल, एक मछली गन्दा कर देती है
ऊँचे मूल्यों को मन्दा कर देती है
आँखों से रोशनी नहीं
बस विष छलके
भँवर बनाती साँसों से
हलके-हलके
भाड़ न फोड़े एक चना
पर ताल, एक मछली गन्दा कर देती है
जीवन को गोरखधन्धा कर देती है।

•

हम अपना ही कैरीकेचर हैं

खुद पर हँस लेने के अवसर हैं
हम अपना ही कैरीकेचर हैं
आत्म व्यंग्य से भरी-भरी हैं सुबहें
कार्टूनोंवाले चेहरों-सी शामें
खाई-ही-खाई, ठोकर-ही-ठोकर
हम अपने को किसी तरह हैं थामें
क़दवाले सब ऊँची छत पर हैं
ज़ख़्मी रूहों के अँधियारे हैं
आँखें बन्द किये उजियारे हैं
कौंध रही पिछली चोटों की टीसें
ख़ुद से छुपते चाँद सितारे हैं
जो भी हैं हम ख़ुद से बचकर हैं
फ़िल्म ज़िन्दगी की, सेंसर की कैंची
यहाँ वहाँ से कटी-फटी सच्चाई
क़दम-क़दम ज़िन्दा अश्लील इशारे
देह तोड़ते, लेते हैं अँगड़ाई
ख़ुद पर पाँव पटकते पत्थर हैं।

दाम सजाते हैं

हम बाज़ारों में बैठे से
दाम सजाते हैं
सब्ज़ी गीली कर-करके
ताज़ी बतलाते हैं
        बल्ब टाँग देते छत से
        झूठी रोशनियों के
        छन्द याद करते,
        मुँह देखी-सी लावनियों के
सच कहने में गला फँस रहा
कैसे गाते हैं
        सौ-सौ साँसत के सपनों से
        साझा करते हैं
        फूटी हुई आँख में, काजल
        आँजा करते हैं
दृश्यों में होकर
दृश्यों से बाहर जाते हैं
        उम्र किसी गीले कपड़े-सी
        हम निचोड़ते हैं
        साँसों के सैलाब,
        सब्र के बाँध तोड़ते हैं
हाँफ रहे से हिरन
प्यास के फूल खिलाते हैं।

•

बस राशिफल देखा किये

आइना देखा नहीं
बस राशिफल देखा किये
ज़िन्दगी थी एक,
जिसमें कई ज़िन्दगियाँ जिये
    सुबह आयी
    पर सुबह जैसी नहीं महसूस की
    हड्डियों में बर्फ़ बोने
    रात आयी पूस की
आग में अपनी बुझे हैं
शाम से जलते दिये
    ठीक करते रहे
    अपनी उम्र के खाते-बही
    एक दिनचर्या वही,
    केवल वही, केवल वही
पूछते घर का पता
हर रोज़ बदले डाकिये
    आहटों को कान
    अन्धे रास्तों को आँख दी
    सगुन स्वस्तिक के सहारे
    पार करनी थी नदी
साथ देते भला कब तक
लाभ शुभ के सातिये।

•

संवेदन गाने का

माँग रहे पैसा
संवेदन गाने का
शौक बहुत है
कलाकार कहलाने का
आँसू हँसी पसीना
है कीमत सबकी
दाम न हो तो
किसे पड़ी फिर यारब की
ठेका लेते
ज़ख़्मों को सहलाने का
बात ज़मीं की
आसमान पर उड़ते हैं
रोने के अभिनय के साथ
बिछुड़ते हैं
महँगा सौदा
इनसे तार मिलाने का
बहुत साफ़ दामन है
मगर फ़रेबी हैं
मंचों पर हैं,
मंचों के पीछे भी हैं
काला जादू हैं
सुरताल जगाने का।

●

समय की मार सह लेना

समय की मार सह लेना
नहीं झुकना मेरे साथी!
अँधेरी राह हो फिर भी
नहीं रूकना मेरे साथी!
ये काले साँप पैरों से
लिपटते हैं, लिपटने दो
ये सारे दृश्य, आँखों में
सिमटते हैं, सिमटने दो
ज़ेहन में धुन्ध की,
बनकर लपट उठना मेरे साथी!
भँवर में है भले कश्ती
छिड़ी है जंग रातों से
हमें तो बाँधना है,
ज्वार का ज्वर, इन्हीं हाथों से
भले ही सख़्त हो मिट्टी
मगर उगना मेरे साथी!
ये मुश्किल चार दिन की है
विजय के गीत गाने हैं
भले अपनी हथेली पर
अभी पर्वत उठाने हैं
जले रहना मशालों से
नहीं बुझना मेरे साथी!

वक़्त का खंजर

चमक रहा है तेज हवा के हाथ वक़्त का ख़ंजर
खड़े मकानों को रोटी-सा तोड़ रहा बुलडोज़र
गलियों सड़कों चौराहों पर
मलबा केवल मलबा
मरते-मरते दादा पूछें
'एकर कौनो हल बा?'
धीरे-धीरे रेंग रहा है जिजीविषा का गोजर
है सीमेण्ट न कोई
जोड़े ईंट, बाँह में कस ले
यो तो है तैयार मसाला
भरे-भरे हैं तसले
सिमटे-सिमटे से सच का है ये कैसा 'एक्सपोज़र'?
अजब सूचना क्रान्ति,
लाश-पर-लाश, फटाफट ख़बरें
लपक रहे कैमरे देखकर
लोग कहाँ तक बिफरें?
दिन भर अट्टहास करता लाफ़्टर चैनल का जोकर।

•

सिर्फ़ पॉलीथीन है

आसमानों तक हवा में
सिर्फ़ पॉलीथीन है
प्रश्न था कल तक नया
पर आज कुछ प्राचीन है
बात है पर्यावरण की
दृश्य पीले हैं
हरेपन के रास्ते में
सिर्फ़ टीले हैं
मन हमारा, सभ्यता के
दर्द के आधीन है
अब नहीं कुछ रह गया
बस एक आँधी है
धूल, केवल धूल की
घर-घर मुनादी है
उड़ रहा छप्पर कि उड़ती
चील जैसी टीन है
वक़्त की रस्साकशी है
ज़ख़्म गहरे हैं
किस कदर कंक्रीट के
जंगल सुनहरे हैं
बेसुरी तारीख़ लेकिन
सुर सधी-सी बीन है।

सवेरा हो रहा है आँख धोलो

कि नाबीना हुई बीनाइयाँ हैं
बहुत चुप्पा समय की खाइयाँ हैं
सवेरा हो रहा है आँख धोलो
अभी तो नींद है, जमुहाइयाँ हैं
किताबें आँख पर रखकर
नहीं पढ़ते बनेगा
जरा-सा फ़ासला ही
कुछ रचेगा या गढ़ेगा
अभी हो तैरने की बात कैसी
बहुत उथली यहाँ गहराइयाँ हैं
अकेलापन, दिलों में
मगर मेला...
जला है मोमबत्ती-सा
अकेला
अभी सूरज नहीं है आसमाँ पर
अभी तो शाम है, परछाइयाँ हैं
घिरा है झूठ का
गहरा कुहासा
करे क्या बात,
हकला रही भाषा
अभी सच बोलने की है मनाही
अभी सच बोलती रुसवाइयाँ हैं

कि मंज़िल की तरफ़
पहला क़दम हैं
सँभलकर पाँव रखने
की क़सम है
अभी तो सिलसिला है फिसलनों का
अभी बस काइयाँ-ही-काइयाँ हैं
धुआँती रोशनी को
जी गयी हैं
मशालें तेल अपना
पी गयी हैं
अभी है भीड़ केवल भीड़ का सच
अभी जलती हुई तनहाइयाँ हैं।

लड़ाई ज़िन्दगी से जीतनी है

(अमर गायक रवि नागर के लिए)

लड़ाई मौत से तो जीत ली है
लड़ाई ज़िन्दगी से जीतनी है
मेरी हर साँस मानीख़ेज़ होगी
उमर ऐसे नहीं अब बीतनी है
बहुत से जश्न, जो जीने अभी हैं
मचलती रोशनी में भीगना है
कि बेतरतीब मौसम कह रहा है
सँवरती ज़िन्दगी में भीगना है

छलकती जा रही है जो गगरिया
नहीं, यूँ ही नहीं अब रीतनी है
कबीरा की चदरिया बोलती है
कि झीना हो नहीं एहसास कोई
कि पैरों के तले अपनी ज़मीं हो
कि बाँहों में रहे आकाश कोई

बहुत काली घनेरी रात तो क्या
यहीं उजली सुबह भी दीखनी है
बहुत से ख़्वाब दस्तक दे रहे हैं
किवाड़े खोलने हैं दोपहर के
कड़ी हो धूप तो फिर पूछने हैं
धधकते मसअले जो गुलमुहर के

ज़ेहन से ज़ख़्म बातें कर रहे हैं
कि गहरी नींद अपनी बींधनी है
तरन्नुम में उजाले की किरन है
कि हर आलाप में जादू भरा है
तबस्सुम हर कली पर जागता है
कि सुर का फूल फिर ख़ुशबू भरा है
कि फिर से ओक में हर लहर भर लो
लहरती-सी नदी में तिश्नगी है
कई हैं ख़्वाब आधे से, अधूरे
बहुत-सी दास्तानें हैं, अधूरी
बहुत से मरहले हैं, फासले हैं,
जिन्हें अब तय किया जाना ज़रूरी
कि हम लड़के सुकूँ हासिल करेंगे
किसी से भीख कैसी माँगनी है?

चिड़िया ने खोले हैं पर

जागे हैं दालान-बरोठे
जाग उठा है सारा घर
बहुत दिनों पर फिर उड़ने को
चिड़िया ने खोले हैं पर
चिड़िया का बेटा आया है
कुछ दिन को ही दिल्ली से
सगुन मनाती ख़ीर बनाती
दूध बचाती बिल्ली से
कोना-कोना गीत गा रहा
सारा घर है जगर-मगर
आँगन से छत तक फैले हैं
जीन्स शर्ट औ' बरमूडा
छिपी हुई ख़ुशियों का कारण
कमरे-कमरे ने ढूँढ़ा
हँसते कुर्सी-मेज़, चुटकुले
सुना रहे तकिये-बिस्तर
छौंकी हुई दाल की ख़ुशबू
औ' इलायची हलवे की
पिता देखते, खिली रोशनी
माँ-बेटे के जलवे की
बहुत पुराने दिन लौटे हैं
समय हुआ है जादूगर

आन्दोलन में आगे-आगे हैं

बिना बात सुर ताल मिलानेवाले
बैठे ठाले गाल बजानेवाले
आंदोलन में आगे-आगे हैं
रस्तों में टोपियाँ बिछानेवाले
सरेआम गोपियाँ नचानेवाले
आन्दोलन में आगे-आगे हैं
पीठ छिली थी जिनकी युद्धों में
कहीं नहीं है उनका चेहरा ही
उनकी गहरी-गहरी आँखों से
घाव नहीं दिखता है गहरा भी
अपनी ही छाया को छानेवाले
दूजों के घर आग लगानेवाले
आन्दोलन में आगे-आगे हैं

साँठ-गाँठ है गहरी, सिस्टम से
साँस-साँस से रकम तहाते हैं
सुविधा शुल्क सरीहन सिद्ध करें,
सुविधाओं की नदी बहाते हैं
अपनी ही गोटी बैठानेवाले
इसको उसको चाल बतानेवाले

आन्दोलन में आगे-आगे हैं
रोज़गार है बहुतों ने पाया
अपना टिफ़िन और बिसलेरी है
अपना पेट गले तक भर डाला
फिर भी नव प्रभात में देरी है
रबर लिये, किस्मतें लिखानेवाले
भीषण भ्रष्टाचार मिटानेवाले
आन्दोलन में आगे-आगे हैं

राम राम ख़ुद राम कर रहे हैं
है मैदान रामलीलावाला
गेट इण्डिया का मंज़र देखें
घर के दरवाज़े पर दे ताला
सबका बँधा हुआ पहुँचानेवाले
महादेश को मिलकर खानेवाले
आन्दोलन में आगे-आगे हैं।

चलो साथ मिल मन बहलाएँ

चलो साथ मिल मन बहलाएँ
याद करें पिछली चोटों को
हलके हलके ज़रा पिराएँ
धूप हवा पानी से
थोड़ी-थोड़ी बातें साझा कर लें
बीत रहे हैं जो मुश्किल से
वो दिन रातें साझा कर लें
चलो साथ मिल मन बहलाएँ
कंकड़ फेंक लहर में फिर-फिर
हिलता-सा तालाब थिराएँ
बाँध टकटकी आसमान को
अपलक और एकटक देखें
ठण्डे होते सम्बन्धों को
जाती हुई धूप में सेकें
चलो साथ मिल मन बहलाएँ
कोई चित्र देर तक सोचें
और दूर तक चल फिर आएँ
पार करें फन काढ़ रहा-सा
प्रश्न चिह्न सा हर चौराहा
टूटी हारी थकी रोशनी में
पढ़लें चाहा-अनचाहा

चलो साथ मिल मन बहलाएँ
जो किताब है खुली सामने
उस पर आँसू नहीं गिराएँ
रंगों रेखाओं में बिखरे
पल-छिन को साँसों से जोड़ें
किसी नये रस्ते पर
अपने पैरोंवाले पहिये मोड़ें
चलो साथ मिल मन बहलाएँ
जी लें एक सफल जीवन को
उँगली पर गिन असफलताएँ।

•

हम कि घटनाहीन लगते

ओढ़कर ख़ामोशियों को
बहुत से पल छिन जिये हैं
हम कि घटनाहीन लगते
मगर गहरे वाक़िये हैं

रोशनी को चाहने की
फ़िक्र की पर चुप रहे
हम कि अपने ही अँधेरों में
घिरे से घुप रहे

हम कि अपनी ही रदीफ़ों से
जुदा कुछ काफ़िये हैं

फूल पत्तों की तरह से
हिल रहे, बस हिल रहे
हम हवा में बह रहे
हर शोक में शामिल रहे

ख़ुद उठाये घूमते हैं
हम कि अपने ताज़िये हैं

ग़र ख़ुशी आयी कभी तो
मोड़ ही से मुड़ गयी
हर कहानी जिन्दगी के
फलसफ़े से जुड़ गयी

एक भी चिठ्ठी नहीं अपनी
कि ऐसे डाकिये हैं।

●

बेल छत पर चढ़ गयी

बेल छत पर चढ़ गयी
याद फिर पिछली किताबों के
कथानक पढ़ गयी

कुछ हुआ बदली घिरी
फिर आसमाँ नीला हुआ
हाथ का रूमाल आकर
आँख पर गीला हुआ
बेल छत पर चढ़ गयी
धूप ठिठकी घड़ी भर को
और आगे बढ़ गयी

कुछ हरी, कुछ-कुछ गुलाबी
कुछ कि नीली-कत्थई
फूल के होंठों, पुरानी बात भी
लगती नई
बेल छत पर चढ़ गयी
बन्द घड़ियों की सुई भी
साँस ही में गड़ गयी
ओस का गिरना, हवा होना
हरारत दे गया
वक़्त को यह कौन
संजीदा शरारत दे गया
बेल छत पर चढ़ गयी
सुबह की तस्वीर, शीशे में
ज़ेहन के मढ़ गयी।

•

अरसे से बन्द पड़े दरवाज़ो!

अपने से बाहर आ
अपने को थोड़ा अन्दाज़ो
अब तो खुल जाओ
अरसे से बन्द पड़े दरवाज़ो!
    दरवाज़े हों या कि आदमी
    दोनों खुलते हैं
    कैसी भी हो हवा, हवा में
    हिलते डुलते हैं
सजो आइने में, भीतर की
ख़ामोशी को साजो!
    ख़ाली जेब और माचिस की
    डिबिया ख़ाली है
    अपनी आग बिना
    कैसी होली-दीवाली है?
आग करो पैदा, दुनिया में
ऐसे नहीं विराजो!
    धुँआ रसोई से उट्ठे
    बीड़ी भी जल जाये
    चाहे जो कुछ भी हो
    ये माथे का बल जाये
फिर से चूल्हा-चक्की गाये,
गाये घर की लाजो।

•

चिपचिपाते दृश्य हैं

दर्द की रेखा हुई
कुछ और नीली है
समय उचटी नींद-सा है
आँख गीली है

आसमाँ है
पर नहीं कुछ आसमानी है
कसो, ढीली हुई
चश्मे की कमानी है
चिपचिपाते दृश्य हैं
रोशनी सीली है
डायरी में ही कहीं कुछ
खो गया-सा है
गीत का लहज़ा कहाँ अब
वो नया-सा है
या कि ख़ाली पेट हमने
दवा पी ली है
ख़्वाहिशें है, ख़्वाहिशें हैं,
ख़्वाहिशें ही हैं
आग अपनी नहीं
केवल माचिसें ही हैं
सुबह की उम्मीद
बुझती हुई तीली है।

•

साझा तहज़ीब हमारी है

जल जंगल ज़मीन जैसी
ये खेत कियारी है
साझा चूल्हा है,
साझा तहज़ीब हमारी है
समय समझना है तो समझो
मीरा दीवानी से
यही विरासत काटा करती
पत्थर भी पानी से
ग़ालिब तुलसी मीर जायसी
की फुलवारी है

त्रिपुरा अगरतला मेघालय
द्राविण उत्कल बंगा
मिलकर बहे तीस्ता-कालिन्दी,
कावेरी-गंगा
पुरखों ने ये गंगा जमुनी
धरा सँवारी है

ये कश्मीर, अरब सागर
ये हिन्द महासागर भी
मन में छुपा हिमालय के
उजला ढाई आखर भी

बावन नदियों के संगम की
ये किलकारी है

पीर फ़कीर औलिया नाचें
बजता झाँझ मजीरा
हाथों में ले हाथ चल रहे
नानक और कबीरा
पूरा चाँद ईद का,
दीवाली उजियारी है

लहराये सुकून का परचम
अपना रैन बसेरा
दसों दिशाओं अमन चैन का
सूरज करे सवेरा
इस मौसम पर, धूप-हवा
पानी आभारी है।

ब्लेयर हो कि बुश हो?

लाशें देखकर ख़ुश हो
ब्लेयर हो कि बुश हो?
हादसों की त्योहारी है
युद्ध है, महामारी है
हड्डियों के पुल,
बेजान जिस्मों से पटी सड़के हैं
ये कैसी चित्रकारी है?
ख़ून में डूबा बुरूश हो
ब्लेयर हो कि बुश हो?
टैंकों की टंकार है
अट्टहास करता अहंकार है
बमों के धमाके हैं
कटे सिरों का हाहाकार है
जानवर हो कि मानुष हो
ब्लेयर हो कि बुश हो?
घर में छुपे मूँछें ऐंठ रहे हो
अपने ही आत्म सम्मान पर बैठ रहे हो
वियतनाम को भूल गये हो शायद
आतंक की गठरी बिखेर रहे, समेट रहे हो
युगपुरुष हो कि कापुरुष हो
ब्लेयर हो कि बुश हो?

रोशनी चितकबरी हो गयी है
हर तरफ़ उग रहे हैं मैदान
सोच ही सँकरी हो गयी है
इन्सानियत ज़ख़्मी गाय है
या धड़ से अलग बकरी हो गयी है
तेल का कुआँ हो कि ह्वाइट हाउस हो
ब्लेयर हो कि बुश हो?

तू मुझे बेनियाज़ रहने दे

तू मुझे बेनियाज़ रहने दे
फिर मिलेंगे कि आज रहने दे
फिर कभी बात होगी फ़ुर्सत से
दोपहर आयेगी ज़रूरत से
थक गया हूँ उसी इबादत से
थोड़े दिन की नमाज़ रहने दे
पत्तियों-सा है काँपना कैसा
हर घड़ी सिर्फ़ हाँफना कैसा
एक से दिन कि एक-सी रातें
हो चुके कामकाज रहने दे
ये जो काँधे पड़ी-सी लोई है
सच कहें याद में भिगोई है
ये जो चौकी है, वही काफी है
तख़्त रहने दे, ताज रहने दे
चाय देती है, मुँह धुलाती है
रोशनी बारहा बुलाती है
इस तरह मैं तो जी न पाऊँगा
दिल पे अपना ही राज रहने दे
अपने एहसास का पता देंगी
फूल को ख़ुशबुएँ बता देंगी
बात हो सब ज़ेहन में पोशीदा
राज़ को सिर्फ़ राज़ रहने दे।

गीतकार का घर

दिखता हुआ सुनायी
देता है कनेर का स्वर
बाहर से ही लगता है
ये गीतकार का घर
अक्षर-अक्षर नज़र आ रहे
पीले और गुलाबी
बुला रहे हैं हमको,
बौराए से बौर गुलाबी
डालों पर बैठे से पंछी
फुला रहे हैं पर
पत्ती-पत्ती पर गुलाब जल
थिरक उठा है जैसे
पँखुरी-पँखुरी पर बजते हैं
बोहनी वाले पैसे
मोम सरीखी देहरी पिघले,
पिघल रहा पत्थर
गीली मिट्टी से उठते हैं
सोंधेपन के बादल
नीले आसमान में उड़ता
धानी-धानी आँचल
फूला नहीं समाता
अपने पर ये संवत्सर।

•

तवे पर फूलती रोटी

हमारा उम्र भर का
रोज़ ही सँग-साथ कहती है
तवे पर फूलती रोटी
हमारी बात कहती है
कि गुथकर, एक होकर
मौन आटा खिलखिलाता है
हमें तो मर्म गेहूँ का
बिना बोले बताता है
सुबह को सुबह कहती,
रात को ही रात कहती है
मिले जब दाल से रोटी
तो जादू स्वाद का जगता
कि जैसे स्वप्न कोई
फिर पुरानी याद का जगता
कभी जाड़ा बताती तो
कभी बरसात कहती है
दिलों में वृत्त-सी बनती
महकती है गोलाई में
कि बेली जा रही होती
तो बजती है कलाई में
कि रोटी चूड़ियों से
आदमी की ज़ात कहती है।

ज़रा 'यू टर्न' लेकर

ज़रा 'यू टर्न' लेकर
जान लेना
कहानी में स्वयं पर
ध्यान देना
    कि धड़कन पर
    अगर जो ध्यान होगा
    तुम्हारा धर्म ही
    ईमान होगा
बहुत अच्छा नहीं
ईमान देना
    उजाले कह रहे
    दीवालियों के
    सहेजो चिन्हे ये
    हरियालियों के
समय को धूप देना,
धान देना
    कि ये परछाइयाँ भी
    सच कहे हैं
    लहर में अक्स
    तिनकों से बहे हैं
पुरानी आहटों पर
कान देना।

•

हम जाने कैसे दफ़्तर हैं

अधिकारी के हैं 'इनीशियल'
अपने पूरे हस्ताक्षर हैं
हम जाने कैसे दफ़्तर हैं

दिखे नहीं बिस्तर सपने में
दिखती हैं बस कुर्सी-मेज़ें
हमें चीर जाते भीतर तक
शातिर-सी नज़रों के नेज़े

हम दराज से झाँक रहे से
फ़ाइल के काग़ज़-पत्तर हैं

पत्र अनिस्तारित हैं जितने
कथा कहें चोटों-घावों की
लिखा हुआ है सब-कुछ अपना
मुहर लगी है मुखियाओं की

पेन्शन ग्रेच्युटी जी.पी.एफ. के
छलते हुए अंक-आखर हैं

झूठ बोलते हुए आँकड़े
हमको छलनी कर जाते हैं
रोज़ सुबह ज़िन्दा होते हैं
और शाम तक मर जाते हैं

दौरा है रोज़ी-रोटी का
घर में रहकर भी, बाहर हैं

शाम हुई तो भीखू लौटा

पत्ते पियराए पीपल के
शाम हुई तो भीखू लौटा
साँस-साँस पर क़र्ज़े कल के
चूल्हा इतना हड़ताली है
उसको क्या जो दीवाली है
एक निवाला फँसा गले में
बच्चा सोया मचल-मचल के
पिता अभागा, बेटी क्वाँरी
दमा भोगने की लाचारी
भरा मोतियाबिन्द नयन में
सपने घरनी के, मंगल के
खेत रहा सब रेहन खेत के
पेड़ धुएँ के, बीज रेत के
खो जायेंगे, हाथ बड़े हैं
आगत कुहरे के, दल-दल के।

हम कभी सोये नहीं

छोड़कर कविता अधूरी
हम कभी सोये नहीं
जो कभी उगने न पाये
बीज वो बोये नहीं

नदीं घाटी पर्वतों पर
घूमते गाते रहे
धूप से खिलते रहे
या मेघ से छाते रहे

मंज़िलों की याद करके
फूटकर रोये नहीं

रास्तों के सिलसिले थे
सिलसिलों के रास्ते
जिन्दगी भर रहे जागे
हम किसी के वास्ते

भीड़ का हिस्सा रहे
पर भीड़ में खोये नहीं

चुप रहे या कभी अपने
आप को टेरा किये
मिल न पाये कभी ख़ुद से
ख़ुदी को हेरा किये

थे निशाँ तारीक़ियों के
उम्र भर धोये नहीं
ज़ख़्म का मुँह खुला फिर-फिर
दर्द की शिद्‌दत रही
रहा आया, वही चेहरा
गीत की आदत रही
कुलबुलाती रही चोटें
दर्द पर ढोये नहीं।

अँजुरी भर कुआँ

शाम तलक भर पाया
बूँद-बूँद पानी
कहीं है अकाल, कहीं बाढ़ की कहानी
गंगा की धरती पर
मरूथल रेतीले
यादों पर घास जमी
टीले-दर-टीले
अँजुरी भर कुआँ मिला
नदी-नदी तृष्णा
पितरों के तर्पण की पीर है पुरानी
माँग हुई विधवा की
नहर खिंची रेखा
फसलों के शव साधे,
आसमान देखा
गीली इन आँखों में
सूखा है मधुवन
दादी की बरसों की तुलसी कुम्हलानी
एक-एक कर गिरते
गाँव के मवेशी
चौधरी वसूली पर
पीता है देसी
उनका क्या पढ़ते जो,
खबरें लासानी
हरे काँच से फिर भी हरियाली धानी।

गीत सोने नहीं देते

गीत सोने नहीं देते
हमें सूने में सिसककर
कभी रोने नहीं देते
बात करते हैं विहँसकर
मुट्ठियों को रहें कसकर
गीत सोने नहीं देते
भीड़ कितनी ही भले हो
हमें खोने नहीं देते
रात काली पी रहे हैं
हर अँधेरा जी रहे हैं
गीत सोने नहीं देते
चोट तो देते मगर वो
दर्द ढोने नहीं देते
बीज भी हैं, पेड़ भी हैं
दर्दवाली मेड़ भी हैं
गीत सोने नहीं देते
मेघ के मन में
धधकती आग बोने नहीं देते
हैं हमारी भंगिमा में
जगमगाते हैं अमाँ में
गीत सोने नहीं देते
आसमाँ देते समूचा
गली-कोने नहीं देते।

•

ताल भरी आँखों का

क्या होगा हाल हरी शाखों का
सूखा है ताल भरी आँखों का
रेखाएँ नहीं,
सरल सीधी हैं
दृश्यों की बत्तखें
उनींदी हैं
साँसों में दर्द है सलाखों का
पलकों के
तट पर ही लहरें थीं
अपनी भी जड़ें
बहुत गहरे थीं
मौसम ही नहीं रहा लाखों का
कल के आकाश में
अँधेरे हैं
कहो नहीं, जन्मों के
फेरे हैं
दिया जले आलों का, ताखों का।

हम वो मेघ नहीं

अपनी आग लिये पानी में
तिथियाँ संग बहीं
हवा उड़ा ले जाती जिनको
हम वो मेघ नहीं

घिरना और बरसना,
अपनी धरती, अपना आँगन
मरूथल में भी रच देते हैं
हम कितने जलदरपन

दूर नहीं होते अपने से
जायें भले कहीं

जाने कितने हिरन दौड़ते,
हैं अपनी काया में
हम छिन भर सुस्ता लेते हैं
अपनी ही छाया में

जहाँ तनिक भी मिले तरलता
होते सदा वहीं

आँखें नम हैं,
साँसों में जलते अंगारे हैं
हम हैं सैलानी,
रस्तों के घाव हमारे हैं

हमने सुविधा के शिखरों की
बाँहें नहीं गहीं।

•

पानी ख़रीदना

रोज़ रोज़ पड़ता है
ख़ुद को यहाँ बेचना
कैसा लगता है बेटा
पानी ख़रीदना
ये दिल्ली है
ना भी होती तो क्या होता?
समय, समय है
सिर्फ़ प्यास के काँटे बोता
बरस-बरस से
इसका भारी रहा बीतना
कभी आँख का पानी भी तो
होता ही था
अपने से मिलने का
थोड़ा मौका भी था
बूँद-बूँद हम देख रहे
हर स्रोत सूखना
उग आया है
रेगिस्तान गली सड़कों में
हाँफ रहा है
हिन्दुस्तान गली सड़कों में
नयी सदी 'रेबीज़' हुई-सी जिये यातना

•

सुबह का उजाला जगे

आँख है अलगनी-अलगनी की खुले
आँख में ही सुबह का उजाला जगे
आँख मलती हुई-सी अज़ानें जगें
घण्टियों में घुमड़ता शिवाला जगे
उत्सवों की प्रतीक्षा करे देह फिर
प्रार्थना के परिन्दे उड़ें दूर तक
मन्त्र पढ़ती हुई हर दिशा को जियें
लोग अन्तःकरण से जुड़ें दूर तक
प्यास के पर्वतों से उतारे नदी
भूख भजता हुआ हर निवाला जगे
बाल अपने सँवारे हवा देर तक
मौन तकदीर कोई सँवारे सजे
ध्यान में डूबती घाटियाँ कह उठें
पाँच कैसे बजे और कब छह बजे
एक निर्गुन उठे, गूँज मन में भरे
मूर्तियों पर चढ़ा फूल-माला जगे।

पूरा घर उदास लगता है

चलों पुताई करवा डालें
पूरा घर उदास लगता है
        कुछ सोचें, ऐसी तरकीबें
        बदलें ये सारी तरतीबें
चलो पुताई करवा डालें,
सीलनवाला सच जगता है
        कमरे-कमरे में जाले हैं
        मटमैलेपन की चालें हैं
चलो पुताई करवा डालें
दिन में अँधियारा ठगता है
        घर सम्बन्धों-सा उजला हो
        कोई पर्व नहीं पिछला हो
चलों पुताई करवा डालें
मन कड़ुवाहट में पगता है।

रचना-सा ही जोड़े

ढूँढ़ सके तो ढूँढ़,
खो गये गन्धों के गलियारे
पाँव समेटें, पाँव पसारे से
बैठे अँधियारे

तोड़ पहाड़ों को निगाह से
तिनके काहे तोड़े
आहों भर ले आग कि,
गहरी साँसें क्यों कर छोड़े?

बातचीत करते हैं अक्सर
बीते से उजियारे

अपना पारावार समझ ले
बाँध न पत्थर पर में

हर उड़ान का आसमान हो
उड़ती हुई नज़र में
लहर-लहर में अनबन है
टूटे खुशियों के धारे

बेहतर है तू हर जुड़ाव को
रचना-सा ही जोड़े
बंजर पड़ा खेत आख़िर क्यों
नाहक जोते गोड़े?

हरियाली तो जब मिलती है,
मिलती बाँह पसारे

नज़र हवा की भी
नजरों में हो, हों तीखे तेवर
बात-बात पर धूप सुबह की
बदले नहीं कलेवर

आँख बचाकर, राह न काटें
सूरज के हरकारे।